un vif remerciement. Cette politesse fut suivie d'un aveu de ses chagrins. Il m'avait vu à la poste, me dit-il, et la honte d'être insulté devant moi, lui avait fait précipiter sa retraite. La vie lui devenait insupportable. Son malheur était si continuel, que ne pouvant y remédier, il pensait à se défaire de son bien, pour quitter le lieu de sa naissance, et se dérober à la fureur de l'envie. Sa malignité n'y perdrait rien, répondis-je ; elle vous suivrait. Elle serait capable de s'attacher à tous vos pas. L'envie a les yeux d'Argus, et toutes les bouches de la renommée. Mais par la voie que je viens de vous ouvrir, vous pouvez la

L'ART

DE

JOUER ET DE GAGNER

A L'ÉCARTÉ.

L'ART

DE

Jouer et de Gagner

A L'ÉCARTÉ,

Enseigné en 8 Leçons;

Par Teyssèdre,

Auteur des Notions élémentaires d'Arithmétique, etc.

PARIS,

AUDIN, QUAI DES AUGUSTINS, N° 25;

URBAIN CANEL, RUE SAINT-GERMAIN-DES-PRÉS, N° 9;

PONTHIEU, PALAIS-ROYAL, GALERIE DE BOIS;

CHARLES BÉCHET, QUAI DES AUGUSTINS, N° 57.

1826.

EXPLICATION DES SIGNES.

$+$ signifie *plus*.

$-$ . . . *moins*.

$\times$ . . . *multiplié par*.

$=$ . . . *égale*.

$-$ placé entre deux quantités, situées l'une au-dessus de l'autre, signifie *divisé par*; exemple : $\frac{5}{7}$; lisez : 5 *divisé par* 7 , ou *cinq septièmes*.

L'ART

DE

JOUER ET DE GAGNER

A L'ÉCARTÉ.

Leçon première.

THÉORIE DES PERMUTATIONS ET COMBINAISONS (1).

PAR *permutations* on entend les différens arrangemens qu'on peut faire subir à un certain nombre d'objets, en les prenant 1 à 1, 2 à 2, 3 à 3…. Soient, par exemple, les deux lettres a, b; il est évident qu'elles sont susceptibles de deux arrangemens, et qu'elles peuvent, étant prises 2 à 2, former les groupes $a\,b$, $b\,a$, $b\,b$, $a\,a$.

Mais lorsque, sans avoir égard aux différens arrangemens qu'un certain nombre de choses peuvent prendre, on ne les prend que relativement à la somme que ces choses, considérées comme des quantités, pourraient former, étant prises 2 à 2, 3 à 3, etc., etc.; cette nouvelle manière de considérer les objets s'appelle *combi-*

____

(1) Pour les signes employés dans le cours de l'ouvrage, voyez l'explication ci-contre.

naison. Ainsi, supposant que a et b représentent chacun une certaine valeur, il est évident qu'en écrivant $a + b$, ou $b + a$, on aura deux sommes qui seront égales.

Il résulte, des définitions et des exemples ci-dessus, qu'une *permutation* est un arrangement particulier des divers élémens qui entrent dans une combinaison ; en sorte qu'une combinaison peut, sans cesser d'être la même, produire un grand nombre de permutations ; en voici encore un exemple : soient les trois lettres a, b, c ; supposons que a vaille 2, b 3, c 4 ; ces trois lettres, ajoutées ensemble, vaudront 7, quels que soient les arrangemens qu'on pourrait leur faire prendre. Tous ceux dont elles sont susceptibles sont exposés ci-dessous :

$a\,b\,c$	$b\,a\,c$	$c\,a\,b$
$a\,c\,b$	$b\,c\,a$	$c\,b\,a$

On voit que ces arrangemens, ou permutations, sont au nombre de 6, chacun desquels vaut 7.

Méthode pour permuter un certain nombre don-
né de choses prises... 2 à 2, 3 à 3, etc., etc.

Il est évident qu'une lettre n'admet qu'une seule permutation.

Que deux lettres, comme a et b, donnent deux permutations, $a\,b$, et $b\,a$.

Si l'on prend une troisième lettre c, et qu'on l'introduise dans les groupes $a\,b$ et $b\,a$, il est évident que cette lettre pourrait occuper trois places différentes dans chacun des deux groupes. En effet, elle pourra être la première, la seconde et la troisième, ce qui produira les groupes de trois lettres suivans :

$a\,b\,c$	$b\,a\,c$	$c\,a\,b$
$a\,c\,b$	$b\,c\,a$	$c\,b\,a.$

Une quatrième lettre d pourrait occuper quatre places dans chacun des six groupes, de trois lettres chacun ci-dessus; ce qui donnerait 4 fois 6, ou 24 permutations, lesquelles sont figurées ci-dessous :

$d\,c\,a\,b$	$d\,a\,b\,c$	$d\,b\,c\,a$
$c\,d\,a\,b$	$a\,d\,b\,c$	$b\,d\,c\,a$
$c\,a\,d\,b$	$a\,b\,d\,c$	$b\,c\,d\,a$
$c\,a\,b\,d$	$a\,b\,c\,d$	$b\,c\,a\,d$
$a\,d\,c\,b$	$d\,c\,b\,a$	$d\,b\,a\,c$
$a\,d\,c\,b$	$c\,d\,b\,a$	$b\,d\,a\,c$
$a\,c\,d\,b$	$c\,b\,d\,a$	$b\,a\,d\,c$
$a\,c\,b\,d$	$c\,b\,a\,d$	$b\,a\,c\,d$

En examinant la manière dont sont formés les divers tableaux qui sont exposés ci-dessus, on voit qu'une lettre a ne peut donner qu'une seule permutation; que deux lettres, étant prises 2 à 2, peuvent en donner deux, nombre qui égale 1×2;

Que trois lettres, prises 3 à 3, donnent six permutations, nombre qui égale $1 \times 2 \times 3$;

Que quatre lettres, prises 4 à 4, donnent 24 permutations, ou un nombre égal à $1 \times 2 \times 3 \times 4$.

On trouverait que cinq lettres, prises 5 à 5, donneraient 120 permutations, nombre qui est égal au produit de $1 \times 2 \times 3 \times 4 \times 5$.

Six lettres, prises 6 à 6, donneraient six fois 120, ou 720 permutations.

Jusqu'ici nous avons supposé que la même lettre ne devait se trouver qu'une fois dans chacun des groupes.

Il nous reste actuellement à démontrer la manière de calculer le nombre de groupes qu'on peut former avec un nombre donné de lettres, en les prenant 1 à 1, 2 à 2, 3 à 3, 4 à 4, 5 à 5..., et en admettant que chaque lettre peut être répétée autant de fois qu'il y en a dans chaque groupe.

Supposons d'abord qu'on a les deux lettres a et b, et que l'on demande combien de groupes différens on peut former en les prenant 1 à 1, 2 à 2, 3 à 3, 4 à 4....

a et b, pris 1 à 1, ne peuvent former que les deux groupes.

$$a, \quad b.$$

Les mêmes lettres, étant prises 2 à 2, peuvent former quatre groupes :

$$aa, ab, ba, bb.$$

On les obtient en plaçant d'abord a au commencement de chacun des groupes a, b, ce qui donne les deux nouveaux groupes

$$aa \quad ab;$$

plaçant ensuite b au commencement de chacun des mêmes groupes a, b, on a les deux nouveaux

$$ba, bb,$$

ce qui fait en tout quatre groupes, de deux lettres chacun.

Pour avoir les groupes de trois lettres, qu'on peut former avec les deux lettres a, b, écrivez d'abord a au commencement de tous les groupes de deux lettres ci-dessus ; vous aurez les quatre nouveaux groupes de trois lettres, que voici :

$$a\,a\,a, \quad a\,a\,b, \quad a\,b\,b.$$

Écrivez encore b au commencement de chacun des quatre mêmes groupes de deux lettres, vous aurez baa, bab, bba, bbb, ce qui fera en tout huit groupes de trois lettres,

$$a\,a\,a, \quad a\,a\,b, \quad a\,b\,a, \quad a\,b\,b,$$
$$b\,b\,b, \quad b\,b\,a, \quad b\,a\,b, \quad b\,a\,a.$$

Mettant successivement a et b au commencement de ces huit groupes, on aurait huit nouveaux groupes de quatre lettres, commençant tous par a, et huit autres commençant tous par b, ce qui ferait en tout deux fois huit, ou seize groupes différens.

Si l'on écrivait encore successivement a et b au commencement de chacun de ces seize groupes différens, on aurait deux fois seize, ou trente-deux nouveaux groupes de cinq lettres, dont seize commenceraient tous par a, et les seize autres par b.

1*

Ce développement suffit pour vous faire voir que deux lettres, prises 1 à 1, produisent deux groupes différens ; qu'étant prises 2 à 2, elles en produisent 4 ; que, prises 3 à 3, elles en produisent 8 ; qu'en les prenant 4 à 4, on forme 16 groupes ; 32 en les prenant 5 à 5... ; c'est-à-dire que les nombres qui indiquent la quantité de groupes qu'on obtient en les augmentant successivement d'une lettre, sont : 1, 2, 4, 8, 16, 32, 64..., quantités qui résultent du produit du nombre 2 des lettres, multiplié autant de fois par lui-même qu'il y a d'unités dans le nombre de lettres qui composent les groupes qu'on veut obtenir ; ainsi, pour avoir le nombre des groupes de trois lettres, il faut multiplier 2 nombres de lettres, qu'on permute trois fois par lui-même, en faisant le produit de $2 \times 2 \times 2 = 8$. Pareillement on aurait le nombre des groupes de 6 lettres, en faisant le produit de $2 \times 2 \times 2 \times 2 \times 2 \times 2 = 64$....

Si l'on veut se donner la peine de composer tous les groupes qu'il est possible de former avec trois lettres, en les prenant 1 à 1, 2 à 2, 3 à 3, 4 à 4..., on obtiendra successivement les tableaux que voici :

Groupes de 1 lettre, *a*, *b*, *c* ;

        2   ·   *aa*, *ab*, *ac*, *ba*, *bb*, *bc*, *ca*, *cb*, *cc*.

On voit que les groupes d'une lettre sont au nombre de 3 ; que ceux de deux lettres sont au nombre de 9, quantité qui est le produit du nombre 3 de lettres multiplié 2 fois par lui-même ; ou, poussant le développement plus loin, on trouverait que le nombre des groupes de trois lettres égale 27, ou 3 fois le produit du nombre 3 de lettres à permuter ; on trouverait encore que le nombre des groupes de quatre lettres égale le produit de 3 multiplié 4 fois par lui-même, ou $3 \times 3 \times 3 \times 3 = 81$.

Ce serait nous écarter de notre objet que de nous étendre davantage sur cette matière ; nous en avons assez dit pour faire pressentir qu'on obtient le nombre de permutations que produit un certain nombre de choses prises 1 à 1, 2 à 2, 3 à 3..., en multipliant ce nombre de choses autant de fois par lui-même qu'il doit y avoir de lettres dans chacun des groupes de l'ordre de ceux dont on veut connaître le nombre.

Manière de calculer le nombre de combinaisons qu'un certain nombre de choses, a, b, c, d..., peuvent former, étant prises 1 à 1, 2 à 2, 3 à 3..., 5 à 5.

Soient les quatre lettres *a*, *b*, *c*, *d*, il est évident que le nombre de combinaisons qu'elles peuvent former, prises 1 à 1, est de 4.

Si on les prend deux à deux, on aura les combinaisons suivantes :

a b	*b c*	*c d*
a c	*b d*	
a d		

C'est-à-dire six combinaisons.

En les prenant trois à trois, on aura :

$$a\,b\,c \qquad\qquad b\,c\,d$$
$$a\,b\,d$$
$$a\,c\,d,$$

ou 4 combinaisons.

Si on les prend 4 à 4, on n'aura que la seule combinaison *a b c d*.

Si l'on prenait six lettres, on aurait six combinaisons, une à une; 15, deux à deux; 20, trois à trois, 15, quatre à quatre; 6, cinq à cinq, et une, six à six.

En combinant ainsi un certain nombre de lettres, on découvrirait une formule, ou méthode, au moyen de laquelle on pourrait répondre tout de suite à toutes les questions de cette espèce qui pourraient être faites.

On verrait que, pour avoir les combinaisons une à une, il faut faire la somme du nombre de lettres données.

Pour avoir les combinaisons deux à deux, il faut multiplier ce nombre de choses données par ce même nombre, diminuer d'un et diviser le produit par un multiplié par 2.

Ainsi, pour avoir les combinaisons de 2 à 2 du nombre donné 6 de choses, il faudrait multiplier 6 par 5, et diviser le produit 30 par $1 \times 2 = 2$; le quotient 15 exprimera le nombre de combinaisons demandées.

Pour les combinaisons 3 à 3, du même nombre

de choses 6 , il faudra multiplier le produit de 6 par 5 par ce dernier nombre diminué de 1 ou par 4, et diviser le dernier produit par celui de $1 \times 2 \times 3$; ce qui sera la même chose que $6 \times 5 \times 4$ égale 120, divisé par $1 \times 2 \times 3$ égale 6; on divisera donc le produit 120 par 6 : le quotient 20 exprimera les combinaisons des six choses, prises 3 à 3.

On obtiendra le nombre qui exprime les combinaisons 4 à 4, en multipliant le dernier produit 120 par $4 - 1$ ou par 3 ; c'est-à-dire qu'on aura $6 \times 5 \times 4 \times 3$, égale 360 ; on divisera ce dernier produit 360 par celui des nombres naturels, dont ce dernier exprime l'espèce de combinaisons : dans ce cas-ci, ce dernier nombre est 4. On divisera donc 360 par $1 \times 2 \times 3 \times 4 = 24$. 360, divisé par 24, donne le quotient 15.

On aura le nombre de combinaisons 5 à 5, en multipliant le dernier produit 360 par $3 - 1$, ou par 2; c'est-à-dire qu'on aura $6 \times 5 \times 4 \times 3 \times 2$, égale 720 ; on divisera ce dernier produit par celui des nombres naturels 1, 2, 3, 4, 5, c'est-à-dire, par tous ceux qui sont compris entre l'unité et celui qui exprime l'ordre auquel appartiennent les combinaisons inclusivement ; le produit de $1 \times 2 \times 3 \times 4 \times 5$ égale 120 ; divisant 720 par ce dernier nombre, on aura le quotient 6, lequel indique toutes les combinaisons possibles qu'on peut former avec 6 choses , prises 5 à 5.

Les combinaisons 6 à 6 s'obtiennent de la

même manière, en faisant le produit de 720 par 2 — 1, et en divisant ce produit par celui des nombres 1, 2, 3, 4, 5, 6; il est évident que le premier produit serait le résultat de $6 \times 5 \times 4 \times 3 \times 2 \times 1$, égale 720.

Le second produit serait également le résultat de $1 \times 2 \times 3 \times 4 \times 5 \times 6$, lequel égale aussi 720.

Divisant le premier produit par le second, ou 720 par 720, on aura le quotient 1. C'est en effet le nombre de combinaisons qu'on peut former avec 6 choses, prises 6 à 6.

En réunissant les opérations, au moyen desquelles on a obtenu successivement les nombres qui indiquent les combinaisons 1 à 1, 2 à 2, 3 à 3, 4 à 4, 5 à 5, 6 à 6, d'un nombre donné 6 de choses, on pourrait former le tableau suivant :

$$1 \text{ à } 1 \quad \frac{6}{1} = 6$$

$$2 \text{ à } 2 \quad \frac{6 \times 5}{1 \times 2} = 15$$

$$3 \text{ à } 3 \quad \frac{6 \times 5 \times 4}{1 \times 2 \times 3} = 20$$

$$4 \text{ à } 4 \quad \frac{6 \times 5 \times 4 \times 3}{1 \times 2 \times 3 \times 4} = 15$$

$$5 \text{ à } 5 \quad \frac{6 \times 5 \times 4 \times 3 \times 2}{1 \times 2 \times 3 \times 4 \times 5} = 6$$

$$6 \text{ à } 6 \quad \frac{6 \times 5 \times 4 \times 3 \times 2 \times 1}{1 \times 2 \times 3 \times 4 \times 5 \times 6} = 1$$

(COMBINAISONS.)

La seule inspection de ce tableau suffit pour mettre le lecteur en état d'en composer un semblable, et de l'étendre aussi loin qu'il voudra.

Représentons par n le nombre donné de choses dont il s'agit de trouver les combinaisons, lorsqu'on les prend 1 à 1, 2 à 2, 3 à 3, etc., etc., on aura la formule que voici :

$$1 \text{ à } 1 \qquad 2 \text{ à } 2 \qquad\qquad 3 \text{ à } 3$$

$$\frac{n}{1} \qquad \frac{n \times n - 1}{1 \times 2} \qquad \frac{n \times n - 1 \times n - 2}{1 \times 2 \times 3}$$

et en n'indiquant pas les multiplications pour chaque espèce de combinaisons.

$$(A)\ \frac{n}{1} \cdot \frac{n-1}{2} \cdot \frac{n-2}{3} \cdot \frac{n-3}{4} \cdot \frac{n-4}{5} \cdot \frac{n-5}{6} \cdot \frac{n-6}{7}$$

Comme n représente un nombre quelconque, il est évident que la formule pourrait être prolongée à l'infini ; les points qui séparent les membres de cette formule signifient *multiplié par*.

N représentant un nombre quelconque, la formule se compose d'une suite de fractions qu'il faut multiplier successivement les unes par les autres, à commencer par la première, jusqu'à celle dont le dénominateur contient autant d'unités qu'il y en a dans le nombre qui indique l'ordre des combinaisons que l'on veut obtenir. Si, par exemple, on voulait connaître le nombre de combinaisons qu'il est possible de former avec un nombre donné 6 de choses, prises 5 à 5, on mettrait ce nombre 6 à la place de n, dans les cinq premiers termes de la formule, et l'on aurait

$$\frac{6}{1} \times \frac{6-1}{2} \times \frac{6-2}{3} \times \frac{6-3}{4} \times \frac{6-4}{5}$$

ou, en réduisant les numérateurs,

$$\frac{6}{1} \times \frac{5}{2} \times \frac{4}{3} \times \frac{3}{4} \times \frac{2}{5}$$

on aurait pour produit total

$$\frac{720}{120} = 6$$

Soit 5 le nombre donné de choses dont on demande les combinaisons 1 à 1, 2 à 2, etc., etc.

Je transcris les 5 premiers termes de la formule, en mettant 5 à la place de n, et j'ai

$$\frac{5}{1} \cdot \frac{5-1}{2} \cdot \frac{5-2}{3} \cdot \frac{5-3}{4} \cdot \frac{5-4}{5}$$

Cette dernière formule est composée des fractions $\frac{5}{1}$, $\frac{5}{2} - 1 \cdots$ En faisant les réductions qui sont possibles, il viendra.

$$\frac{5}{1} \cdot \frac{4}{2} \cdot \frac{3}{3} \cdot \frac{2}{4} \cdot \frac{1}{5}$$

Pour avoir les combinaisons 2 à 2, je multiplie la fraction $\frac{5}{1}$ par $\frac{4}{2}$, le produit est $\frac{20}{2}$, égale 10.

Pour avoir les combinaisons 3 à 3, je fais le produit des trois premières fractions $\frac{5}{1}, \frac{4}{2}, \frac{3}{3}$, ou plutôt de 5, 2, 1, parce que les trois premières fractions équivalent à ces trois derniers nombres, et j'ai $5 \times 2 \times 1$, égale 10.

Pour avoir les combinaisons de 4 à 4, je fais le produit des quatre premières fractions, ou des nombres 5, 2, 1, $\frac{1}{2}$; $5 \times 2 \times 1 \times \frac{1}{2}$, égale 5.

Les combinaisons 5 à 5 égaleront 1, ou le produit des 5 fractions; c'est-à-dire qu'ayant multiplié d'abord leurs numérateurs les uns par les autres, et divisé ce produit par celui de leurs dénominateurs, on aura 1 au quotient.

Qu'il soit demandé, par exemple, combien quatre numéros, pris à la loterie, peuvent former d'*ambes*, de *ternes* et de *quaternes*; mettant 4 le nombre des numéros à combiner à la place de n, dans la formule (A), page 11, on aura

$$\frac{4}{1} \cdot \frac{4-1}{2} \cdot \frac{4-2}{3} \cdot \frac{4-3}{4}$$

Le premier terme $\frac{4}{1}$ indique le nombre des extraits, ou des combinaisons 1 à 1, qu'on peut former avec 4 numéros : ce nombre est évidemment 4.

Pour avoir les ambes, on multipliera les deux premiers termes $\frac{4}{1}$, $\frac{4-1}{2}$ l'un par l'autre, le produit sera $\frac{12}{2}$ ou bien 6.

Pour avoir les ternes, on prendra les trois premiers termes de la formule, on les multipliera les uns par les autres, et l'on aura pour produit $\frac{24}{6}$ égale, après avoir fait l'extraction des entiers, 4.

Les quaternes s'obtiendront en prenant les quatre premiers termes de la formule ; les ayant multipliés les uns par les autres, on aura $\frac{24}{24}$ ou 1 ; il est évident que 4 numéros ne peuvent former qu'un seul quaterne, quand on n'a pas égard à l'ordre suivant lequel ils sont sortis de la roue.

Soit demandé encore combien, avec 8 numéros de la loterie, on peut former d'*ambes*, de *ternes*, de *quaternes*, et de *quines* ?

Pour répondre à cette demande, je prends la formule (A), page 11, dont je transcris les 5 premiers termes, en mettant 8 nombres de numéros à la place de N, j'aurai

$$\frac{8}{1} \cdot \frac{8-1}{2} \cdot \frac{8-2}{3} \cdot \frac{8-3}{4} \cdot \frac{8-4}{5}$$

Pour avoir les ambes, je multiplie les deux premiers termes $\frac{8}{1}$, $\frac{8-1}{2}$, l'un par l'autre, et j'ai $\frac{56}{2} = 28$.

Pour avoir les ternes, je prendrai les trois termes de la formule $\frac{8}{1}$, $\frac{8}{2}$ — 1, $\frac{8}{3}$ — 2, je les multiplierai les uns par les autres, et j'aurai $\frac{336}{6} = 56$.

Pour avoir le quaterne, je prendrai les quatre premiers termes de la formule, les ayant multipliés les uns par les autres, j'aurai $\frac{1680}{24} = 70$.

Les quines seront le résultat définitif des cinq termes de la formule, multipliés les uns par les autres ; c'est-à-dire qu'ayant multiplié les cinq numérateurs les uns par les autres, on aura le produit 6720, qu'on divisera par 120, le produit des dénominateurs, on aura pour quotient 56.

Réunissant tous ces résultats, on voit que 8 numéros, pris à la loterie, peuvent donner :

8 extraits,
28 ambes,
56 ternes,
70 quaternes,
56 quines.

Si on demandait combien le même nombre de numéros peut produire d'extraits, d'ambes, de ternes, de quaternes et de quines déterminés, il faudrait permuter ces 8 numéros, un à un, deux à deux, trois à trois, quatre à quatre, et cinq à cinq : cette méthode a été indiquée ci-devant (page 2). Nous avons fait voir que, pour avoir les permutations 1 à 1, 2 à 2, il fal-

lait faire le produit du nombre de choses
données, en le multipliant d'abord par 1, puis
par lui - même, ensuite trois fois par lui-
même, puis 4.... puis 5.... fois par lui-même.
Ainsi, pour savoir de combien de manières 8 numéros peuvent sortir 5 à 5 de la loterie, on calculerait les permutations de chacun des extraits,
de chacun des ambes.... parce que chacun de
ces groupes de numéros peut être considéré
comme un nombre donné de choses, dont il s'a-
git de calculer le nombre des permutations, en
les prenant toutes ensemble.

Ainsi chacun des ambes est susceptible de deux
permutations ; c'est-à-dire qu'il peut sortir de la
roue de deux manières différentes. L'ambe,
composé par exemple des numéros 3, 4, peut se
présenter de deux manières, qui sont 3, 4, et
4, 3, puisqu'il y a 28 ambes possibles dans 28
numéros ; il y en a donc deux fois 28, ou 56 déterminés.

Trois choses, prises 3 à 3, pouvant donner
six permutations, les 56 ternes indéterminés
que produisent 8 numéros, donneront chacun 6
ternes déterminés, et les 56 en produiront 336.

Quatre choses produisant, lorsqu'on les prend
quatre à quatre, 24 permutations ; les 70 quaternes, dont chacun est composé de quatre numéros différens, produiront 24 fois 70 quaternes
déterminés, ou 1680.

Par un raisonnement semblable, on trouvera
que 5 choses, prises 5 à 5, produisant 120 per-

mutations, les 56 quines qu'on trouve dans 8 numéros produiront 120 fois 56, ou 6720 quines déterminés.

Les principes, les développemens et les applications qui ont été présentés ci-dessus au lecteur, pourront, au premier abord, lui sembler étrangers à la matière qui doit faire le sujet de cet ouvrage. En lisant ce qui va suivre, il s'apercevra aisément qu'il nous était impossible d'exposer, d'une manière satisfaisante, la théorie de l'*É-carté*, sans le secours de ces principes. A la vérité, nous eussions pu, comme c'est assez l'ordinaire, donner des résultats sans indiquer le chemin qui nous y aurait mené. Il est très-commode assurément de trouver, dans un ouvrage de l'espèce de celui-ci, des méthodes toutes résumées ; oui, pour ceux qui ont assez peu de curiosité, nous avons presque dit d'amour-propre, pour s'en rapporter aux règles qu'ils trouvent toutes faites, sans s'inquiéter si elles sont déduites de principes légitimes ; les personnes de cette espèce composent malheureusement le plus grand nombre. Pour notre propre satisfaction, il nous suffit de prévoir qu'au moins un petit nombre de gens éclairés nous sauront gré de leur avoir démontré les diverses marches qu'il est avantageux de connaître dans la pratique de l'écarté, en les faisant découler des principes éternels des mathématiques. La chaîne des raisonnemens que nous avons suivie n'est interrompue nulle part : avec une intel-

2*

ligence ordinaire, et quelques connaissances des opérations de l'arithmétique, il n'est pas d'homme qui ne puisse la parcourir sans fatigue et avec succès.

Leçon 2.

DESCRIPTION ET THÉORIE DU JEU DE L'ÉCARTÉ.

Parmi les modes si variés de disposer les *cartes à jouer*, pour en faire des instrumens aléatoires aussi ingénieux qu'intéressans, on en distingue un qui, de nos jours, est singulièrement en faveur. Ce mode est connu sous le nom de jeu de l'écarté.

Pour jouer l'écarté, on est convenu que les deux adversaires seraient munis d'un jeu de 32 cartes, composé de 4 *rois*, 4 *dames*, 4 *valets*, 4 *as*, 4 *dix*, 4 *neuf*, 4 *huit* et 4 *sept*. Ces 32 cartes se divisent en 4 groupes de 8 cartes chacun ; un de ces groupes est composé tout entier de *cœur*, le suivant de *carreau*, le troisième de *pique*, et le quatrième de *trèfle*.

On est convenu que l'ordre des cartes, relativement à leur valeur nominale, serait le *roi*, la *dame*, le *valet*, l'*as*, le *dix*, le *neuf*, le *huit* et le *sept*. Les rois, les dames, les valets.... sont égaux entre eux en valeur, quelles que soient leurs couleurs particulières, tant qu'elles ne sont pas dans la main du joueur; car, comme on le verra ci-après, la valeur des cartes est susceptible d'être singulièrement modifiée lorsqu'elles sont distribuées.

Supposons deux joueurs, que nous désignerons, le premier par A, le second par B, se disposant à faire une partie d'*écarté*; voici la manière de se conduire dans cette espèce de combat que l'usage a consacré : l'un des deux adversaires, n'importe lequel, mêle les cartes, après quoi chacun d'eux en soulève un petit paquet, et le retourne; la carte qui se présente indique les droits de celui qui a soulevé le paquet, dont elle est la plus inférieure; celle des deux cartes ainsi retournées, qui l'emporte en valeur sur celle de l'autre adversaire, donne à celui qui la retourne le droit de ce qu'on appelle *donner*.

Supposons que ce soit le joueur A qui ait eu cet avantage; il prendra toutes les cartes, il les mêlera, et les battra; après quoi, les ayant mises en pile, il les présentera à son adversaire, afin que celui-ci les *coupe* : opération qui consiste à enlever une partie de la pile que forme le jeu entier, et à la poser à côté de ce qui reste. Le joueur A prend la base de la pile, et la pose dans le paquet que le coupeur B vient d'enlever; de cette manière, il forme une nouvelle pile, dont les cartes ne sont plus dans le même ordre suivant lequel elles étaient placées avant la coupe.

Le joueur A prend le jeu entier dans une de ses mains, le tenant dans une position telle que toutes les cartes ont la face tournée en dessous. Il commence par donner à son adversaire les trois cartes supérieures, après quoi il prend les trois suivantes pour lui; il donne ensuite les deux qui suivent à B, et il prend pour lui les deux qui se trouvent immédiatement au-dessous de celles-ci.

L'usage permet de donner d'abord deux cartes à son adversaires, d'en prendre un pareil nombre pour soi, d'en donner ensuite trois à son adversaire, et de compléter son jeu par les trois qui viennent ensuite.

Comme on voit, il y a deux manières de *donner*, lesquelles sont toutes deux indifférentes; néanmoins il est reçu que, lorsqu'un des deux joueurs a commencé par donner suivant l'ordre 3, 2, les convenances veulent qu'il continue à donner dans le même ordre pendant tout le temps que dure la partie : il en serait de même s'il avait commencé à donner suivant l'ordre 2, 3.

Il est inutile de faire observer que les deux joueurs reçoivent chacun 5 cartes.

Celui qui donne, ayant pris 10 cartes dans le jeu, 5 pour lui, 5 pour son adversaire, retourne la onzième et la pose sur la table, où elle reste dans cette situation; la valeur nominale et l'espèce de cette carte apportent des modifications considérables dans les sorts des deux joueurs : on peut dire qu'elle décide des avantages problématiques que chacun d'eux peut trouver dans les cinq cartes qui lui sont échues lors de la distribution.

Si cette onzième carte appartient à l'ordre des *cœurs*, par exemple, toutes celles de cet ordre, quelle que soit leur valeur nominale, l'emporteront sur toutes celles des autres ordres ; c'est-à-dire qu'un *sept* de *cœur* aura un avantage sur tous les *carreaux*, tous les *piques* et tous les *trèfles* possibles ; il en serait de même pour le *sept* de *pique*, par exemple, si la carte retournée était un *pique*. La carte retournée et toutes celles de son espèce prennent le nom d'A-TOUTS.

Une des lois les plus importantes de l'écarté, c'est que, si le joueur A, par exemple, présente au joueur B des cartes, autres que des à-touts, d'une espèce dont celui-ci manque totalement, le joueur A fera toutes les levées. Rendons ceci plus clair au moyen de la supposition suivante :

Le joueur A jette un trèfle ; si le joueur B manque de cartes de cette espèce, quelle que soit celle qu'il mettra contre, le joueur A fera la levée ; c'est-à-dire qu'il mettra les deux cartes de son côté, comme marque de l'avantage qu'il vient de remporter, quand même le joueur B se serait présenté avec un roi, une dame, etc. Le joueur A attaquant ensuite avec un pique, le joueur B succombera encore s'il n'a que des trèfles, des carreaux, ou des cœurs à lui opposer.

Pour qu'un des joueurs fasse la levée , il faut qu'il oppose à la carte de son adversaire une autre carte plus forte en valeur nominale , si elle est de même espèce que celle de ce dernier; c'est-à-dire que , si la carte de l'agresseur A est le *neuf* de *pique*, par exemple , le joueur B ne remportera l'avantage qu'autant qu'il opposera un *dix*, un *as*, un *valet*, une *dame* , ou un *roi* de cette espèce.

Le joueur A attaquant avec une carte d'une valeur nominale quelconque, mais qui ne soit pas de même espèce que celle qui a été retournée, si le joueur B se présente avec un *à-tout* , ou carte appartenant à l'ordre dont fait partie celle qui a été retournée, la levée se fera à son profit. Supposons que la carte retournée est le *dix* de *carreau* , et que le joueur A ait provoqué son adversaire avec la *dame* de *trèfle :* si le joueur B a le *sept* de *carreau* dans sa main , et qu'il l'oppose à la carte présentée, il fera la levée.

Les principes de l'écarté peuvent se résumer ainsi qu'il suit :

Les cartes les plus avantageuses sont celles qui appartiennent à la classe de celle qui est retournée.

Les cartes dont l'avantage vient en seconde ligne sont celles que présente l'agresseur; elles l'emportent sur toutes celles qu'on leur oppose , pourvu qu'elles ne soient pas de leur espèce, ni qu'elles n'appartiennent point à la classe des *à-touts*.

Quand l'attaque et la défense se font avec des cartes de la même espèce, on n'a plus égard qu'à leur valeur nominale ; c'est-à-dire que le *roi* enlève la *dame*, celle-ci le *valet*, ce dernier l'*as* ; ainsi de suite.

Nous avions oublié de dire que celui des deux joueurs qui fait la distribution a, par ce seul fait, un avantage, éventuel à la vérité, mais qui ne laisse pas que d'être très-considérable.

Si la onzième carte que le donneur retourne est un *roi*, il marque un point de droit.

C'est encore un grand avantage que d'avoir, parmi ses cartes, le *roi* de la classe à laquelle appartient la carte retournée ; celui des deux joueurs qui a reçu cette faveur du hasard, marque un point pour son compte, sans qu'il soit nécessaire de s'exposer à aucune chance.

Des Écarts.

Lorsque le joueur A a donné, et que le joueur B craint d'avoir du désavantage en gardant le jeu qui vient de lui échoir, il *propose* au donneur A de l'échanger, en tout ou en partie, en disant : *J'écarte*, ou je *propose* ; c'est au joueur A de voir s'il est, ou s'il n'est pas de son intérêt de satisfaire à la demande de B ; s'il y acquiesce, il demande à celui-ci le nombre de cartes qu'il a l'intention de rejeter ou d'*écarter*, en disant : *Combien ?* En même temps il écarte toutes celles de son jeu qui lui semblent trop faibles, ou trop mal assorties avec les autres pour disputer le point ; et, prenant le *talon*, il donne d'abord à B, et en une seule fois, trois..... cinq cartes, autant que celui-ci en a demandé ; après quoi il en prend pour lui autant qu'il lui en faut pour remplacer celles qu'il a écartées lui-même.

La loi veut que le joueur A écoute favorablement la proposition d'écarter que lui fait B, sous peine de perdre deux points au lieu d'un, s'il ne fait pas trois levées.

Si le joueur B n'est pas satisfait des cartes qu'il vient de recevoir, il peut *proposer* d'écarter de nouveau, et demander d'autres cartes ; A est le maître d'accepter ou de rejeter cette proposition, suivant qu'il le juge convenable.

Le joueur B a la facilité de proposer autant de fois que son adversaire voudra consentir à modifier son jeu aux dépens du talon, tant que ce dernier n'est pas épuisé.

Si, après un certain nombre d'*écarts*, il restait moins de cartes à la fin du talon qu'il n'en faut pour remplacer celles que le donneur a rejetées, il prendrait d'abord toutes celles qui restent ; ensuite il compléterait celles qui lui manqueraient en prenant dans ses *écarts*. (*Voir les Règles à la fin de l'ouvrage.*)

3

De la manière de compter les points.

Celui des deux joueurs qui fait trois levées sur cinq, marque un point ; s'il faisait les cinq levées, il marquerait deux points. Nous examinerons plus bas, si le rapport d'un point pour trois levées est égal à celui de deux points pour cinq levées. Il est bon de faire observer qu'il n'est pas plus avantageux de faire quatre points que d'en faire trois seulement.

Lorsqu'un des deux joueurs fait les cinq levées, cela s'appelle faire la *vole*.

La théorie de l'écarté est assurément fort simple ; néanmoins elle exige un grand nombre de calculs mathématiques pour être développée convenablement. Il nous serait impossible de donner, dans ce petit volume, tout ce que l'on peut écrire d'utile et d'intéressant sur le mode de jouer avec des cartes ordinaires. Nous serons obligés de nous renfermer dans la solution d'un certain nombre de problèmes, lorsque le lecteur aura bien compris les principes exposés ci-devant, et qu'en outre il en aura suivi scrupuleusement les applications que nous allons mettre sous ses yeux : il pourra se proposer à lui-même toutes sortes de difficultés, et les résoudre avec certitude et célérité.

Les 32 cartes qui composent le jeu de l'écarté peuvent être considérées de plusieurs manières ; si l'on se propose de n'en tirer qu'une seule, et que l'on se demande combien il y a à parier que ce sera ou que ce ne sera pas le *roi* de *cœur*, par exemple. On procédera dans ce cas, pour établir les sorts des deux parieurs, comme si les 32 cartes étaient tout simplement 32 numéros qu'on aurait jetés dans une roue; il vient tout de suite à l'esprit du premier venu, que les deux sorts sont eutre eux, comme 31 est à 1 ; car il n'y a pas de raison pour que la carte qu'on prend parmi les 32 autres soit plutôt un *roi* qu'une *dame*, qu'un *as*... Les figures, ou les caractères qui distinguent les cartes, n'influent en rien ni sur leurs volumes, ni sur leurs formes; ce sont tout bonnement des signes, au moyen desquels on peut les distinguer les unes des autres.

Lorsque les deux adversaires tirent chacun une carte pour savoir lequel des deux aura l'avantage de la *donne*, il est inutile de faire remarquer que leurs sorts sont parfaitement égaux tant qu'ils n'ont pas procédé à cette opération, et qu'il est indifférent que le joueur A tire avant son adversaire B, et réciproquement; cela est très-aisé à concevoir, puisque les 32 cartes peuvent être partagées en deux groupes, chacun composé de 16 cartes. On peut se figurer qu'un de ces groupes est composé de 4 rois, de 4 dames, de 4 valets, et de 4 as; dans cette supposition, toutes les cartes du groupe opposé seront inférieures en valeur nominale à celles du premier groupe. Lorsque les deux joueurs tirent une carte du jeu entier, c'est comme s'ils jouaient à *croix* ou *pile*, parce qu'il n'y a pas de raison pour que la carte qui se présentera en soulevant un paquet au hasard , appartienne plutôt au groupe supérieur qu'au groupe inférieur.

Mais, lorsque la carte de celui qui tire le premier est connue , les sorts des deux joueurs ne sont pas toujours égaux , à beaucoup près. Supposons , en effet , que le joueur A ait tiré le *huit de pique*, et que l'on demande combien il y a à parier qu'il aura ou qu'il n'aura pas l'avantage de la *donne*.

Pour résoudre cette difficulté, on se rappelera que , dans un cas semblable , le jeu de 32 cartes peut être considéré , sans inconvénient aucun , comme s'il était composé de huit cartes seulement ; de 8 piques, par exemple. Il est évident que le joueur B , ayant à choisir dans les sept cartes qui restent , dont six sont supérieures à celle qui est échue à son adversaire, et dont une seulement a une valeur nominale moindre ; il y a six à parier contre un que la carte , qui décidera du sort de B , sera supérieure à celle que le joueur A aura tirée.

La supposition que nous venons de faire est très-exacte ; en effet, admettant toujours que le joueur A ait tiré le huit de pique ; des 31 cartes qui restent, il y en a 24 qui sont supérieures, 4 qui sont inférieures, et 3 qui sont égales à cette dernière : on peut considérer celles qui sont égales en valeur comme nulles. Il en

reste donc 24 en faveur du sort du joueur B,
et 4 qui lui sont contraires; en divisant les
termes des rapports, chacun par 4, on a le
rapport de 1 est à 6. Il y a donc 6 contre 1 à
parier que le joueur B aura la *donne.*

Ce que nous venons de dire, relativement à
la *donne,* aura sans doute peu d'importance
aux yeux du lecteur doué d'une grande perspi-
cacité; nous convenons nous-mêmes que cette
matière ne présente aucune difficulté qui soit
au-dessus de la force de raisonnement d'un
homme ordinaire. Toutefois nous avons jugé
à propos de disserter un peu longuement sur
ce sujet, afin d'habituer le lecteur à se rendre
compte de toutes les opérations de l'écarté,
parce que la moindre erreur qu'il pourrait
commettre, même de celles qui lui paraissent
d'une faible importance, suffit quelquefois pour
faire tourner le sort à son désavantage.

De la Retourne.

Nous avons exposé ci-devant ce qu'on entend
par *retourne;* nous allons discuter, en peu de
mots, les sorts qui dépendent de cette particu-
larité de la *donne,* relativement au joueur qui
fait celle-ci.

Celui qui doit faire la donne, ou qui doit
distribuer les cartes, a des droits assez considérables aux faveurs du hasard. Suivant les lois
de l'écarté, ainsi que nous l'avons fait observer

3*

ci-dessus, le joueur qui donne marque un point lorsque la carte qu'il retourne est un roi ; on peut donc demander combien il y a à parier que cet événement, favorable pour lui, arrivera ou n'arrivera pas.

La carte qui retourne étant nécessairement la onzième, à compter du sommet de la pile ; on voit tout de suite que chacune des 32 cartes peut occuper cette place, et qu'il n'y a pas de lois pour que l'une d'entre elles en soit exclue, ou l'occupe plutôt qu'une autre ; or, il y a 32 cartes, dont 4 sont des rois ; il y a donc 4 contre 28, ou, ce qui est la même chose, 1 contre 7 à parier, que la carte qui retournera sera un roi.

D'où il suit que, sur 14 parties que feront les deux joueurs, chacun des deux marquera un point pour le roi, qui aura tourné en sa faveur.

Du Roi d'à-tout qu'on peut avoir dans la main.

C'est encore une des lois du jeu de l'écarté, que celui dont le jeu contient le *roi* de l'espèce de cartes à laquelle appartient la retourne, marque un point, par cela seul que le hasard lui a fait cette faveur, ayant toutefois l'avantage, en sus, d'employer la valeur de cette carte, soit pour attaquer, soit pour répondre aux défis de l'adversaire : dans l'un et l'autre cas, la victoire passe nécessairement de son côté, attendu que le roi d'à-tout est la plus puissante des 32 cartes.

Il suit du raisonnement précédent qu'il y a de l'avantage d'avoir le roi dans la main, soit que l'on donne, soit que l'on reçoive. Lorsqu'on reçoit, cet avantage neutralise celui qu'avait le donneur avant la distribution des cartes. Lorsqu'on donne, et que le roi, au lieu de retourner, vient dans la main, on a toujours préalablement le droit de marquer un point, et de faire ensuite usage de ce roi pour vaincre avec certitude. Dans ce dernier cas, le roi vaut, tant pour le donneur que pour le receveur, *un point et un tiers* ; ce qui se conçoit au premier abord, puisque trois levées suffisant pour faire un point, et qu'ayant le roi d'à-tout, on est toujours certain d'en faire un et le tiers d'un, ou une levée.

On fait cette question : Combien y a-t-il à parier que le roi d'à-tout se trouvera dans la main de l'un quelconque des deux joueurs ?

Avant de satisfaire à cette demande, nous prions le lecteur de se rappeler que chacun des joueurs reçoit cinq cartes, ce qui fait dix en tout ; ils prennent donc les $\frac{10}{31}$, ou les $\frac{5}{16}$, ou enfin un peu moins d'un tiers du jeu entier ; or il y a 4 rois dans ce jeu, de telle sorte que, si les joueurs prenaient huit cartes à eux deux, il y aurait un contre un à parier, que l'un ou l'autre aurait un roi, et comme ils en prennent dix, et que ce dernier nombre surpasse 8 de 2, différence qui est égale au quart de huit.

Il suit de là qu'il y a un et un quart à

parier que l'un ou l'autre aura cette figure lorsqu'ils prennent dix cartes ; c'est-à-dire que , sur 4 fois qu'on donnera dix cartes , un roi quelconque paraîtra 5 fois dans la main de l'un ou de l'autre des deux joueurs.

Pour ce qui est du *roi d'à-tout*, il est évident qu'il n'y a pas de raison pour qu'il se présente, lors de la distribution, plus rarement ou plus souvent que l'un des trois autres. Par là on doit entendre que , sur 4 rois qui se présenteront en différentes fois, un seul d'entre eux sera celui d'à-tout. Or, dans 4 distributions, il se présente cinq rois dans les mains des deux joueurs ; mais sur 4 rois , il est probable qu'il y en a un, qui est celui d'à-tout ; parmi les 5 que fournissent 4 distributions , il doit y avoir un roi d'à-tout et un quart. Ce rapport semblera ridicule, parce que, dira-t-on , une carte ne peut sortir que tout entière : lorsqu'on se sera un peu familiarisé avec le langage du calcul des probabilités , cette manière d'exprimer les rapports de hasards, n'aura rien de choquant; car, lorsqu'on dit que le roi d'à-tout doit se trouver une fois et un quart dans la main d'un des joueurs, dans 4 distributions, on veut dire que, dans 16 distributions, il sortira parmi les 10 premières cartes cinq fois , et par conséquent dix fois dans 32 distributions des 10 premières cartes. Dans toutes ces suppositions , nous considérons les choses relativement à la distribution des 10 premières cartes seulement, faisant abstraction des *écarts* et des modifications nombreuses qu'ils peuvent apporter dans les sorts des deux adversaires.

De l'avantage qu'il y a d'avoir la donne.

La probabilité de retourner le roi est le seul avantage que la *donne* procure à celui qui la fait ; une fois ce hasard éprouvé, les choses restant dans le même état, la probabilité favorable passe du côté de l'adversaire du donneur ; en voici la raison :

Les lois du jeu autorisant le joueur qui reçoit à *proposer* de changer les cartes qu'il a dans son jeu contre de nouvelles, prises dans le talon, il est évident qu'il se trouve dans une position beaucoup plus favorable que son adversaire, ayant la faculté d'échanger son jeu, avec le consentement toutefois de celui-ci, et la probabilité, comme on va le voir tout à l'heure, d'en avoir un plus avantageux.

L'acquiescement de celui qui fait la *donne* à la proposition de l'autre joueur, n'est pas un pur effet de sa bienveillance ; ses propres intérêts et l'état de son jeu l'y déterminent toujours, d'après la loi qui autorise son adversaire à marquer deux points, s'il a lui-même le malheur de ne pas faire trois levées. Au moyen de cette ingénieuse disposition, les deux joueurs ont tous deux intérêt à écarter : le receveur, parce qu'il a peu de confiance dans son jeu ;

le donneur, par crainte de perdre deux points au lieu d'un. Comme nous l'avons déjà dit, dans cette circonstance, la position du receveur est la plus favorable.

En effet, figurons-nous que les deux joueurs ont écarté, à eux deux, sept cartes; il est évident qu'ils ne se sont déterminés à les rejeter que parce qu'elles étaient inférieures. Après les écarts, les choses sont dans le même état que si on eût retranché de la pile entière trois bonnes cartes sur sept inférieures. Le lecteur n'a pas besoin de faire de longues réflexions pour concevoir qu'après cette soustraction le talon contient plus de cartes de l'ordre supérieur que de basses cartes; et, comme c'est une loi, pour celui qui distribue, de servir d'abord son adversaire, en prenant dans le talon autant de cartes que celui-ci en a demandées, il y a probabilité favorable pour le receveur, parce que les bonnes cartes, prédominant en nombre dans le reste de la pile, il est vraisemblable que les premières qu'on en tirera seront de cette espèce. Il est donc très-important, pour le donneur, d'accorder ou de refuser à son adversaire la facilité de modifier son jeu, ou de le changer. On verra dans la suite les raisonnemens et les calculs qui conduisent à la règle qu'il est bon de suivre à cet égard. Un autre avantage, qui est en faveur du donneur, consiste dans la faculté qu'il a d'attaquer le premier par telle espèce de cartes qu'il lui plaît.

Méthode pour calculer les différens jeux qu'on peut former avec 32 cartes.

Les théories qui ont été exposées au commencement de cet ouvrage contiennent tous les principes qui servent de base à la marche qu'il faut suivre pour calculer toutes les chances du jeu de l'écarté.

L'écarté, se jouant entre deux personnes, dont chacune est munie de cinq cartes, la première idée qui se présente lorsqu'on entreprend de faire l'analyse de ce jeu, c'est de calculer combien de groupes différens, chacun de cinq cartes, on peut former avec les 32 qu'on est convenu de prendre pour jouer l'écarté; et par la même raison, combien le même nombre de cartes peut former de groupes de deux, trois, quatre..... cartes chacun.

Il nous sera facile de donner la solution de ce problème, en recourant à la formule A, page 11, et aux applications des pages 12, 13, etc.

Le lecteur s'apercevra, sans faire de longues réflexions, que le problème revient à celui-ci :

En combien de manières différentes peut-on combiner 32 choses, en les groupant 2 à 2, 3 à 3, 4 à 4, 5 à 5 ?

Reprenons la formule A (page 11), mettant 32 à la place de la lettre *n*, nous aurons :

$$\frac{3_2}{1} \;.\; \frac{3_2-1}{2} \;.\; \frac{3_2-2}{3} \;.\; \frac{3_2-3}{4} \;.\; \frac{3_2-4}{5} \longrightarrow$$

On aura les groupes, ou combinaisons 2 à 2, en multipliant l'un par l'autre, $\frac{3_2}{1}$, $\frac{3_2-1}{2}$, ce qui revient à multiplier 32 par 31, et à diviser le produit par 2; 31 fois 32 font 992, qui, divisés par 2, donnent 496 groupes, ou combinaisons de deux cartes.

Pour avoir les groupes ou combinaisons de 3 cartes, prenez les 3 premiers termes $\frac{3_2}{1}$, $\frac{3_2-1}{2}$, $\frac{3_2-2}{3}$, multipliez-les les uns par les autres, vous aurez d'abord $3_2 \times 31 \times 3_0$ égale 29,760, qu'il faudra diviser par le produit des dénominateurs 1, 2, 3, ou par 6; le quotient 4,960 indiquera le nombre de jeux, ou de groupes, qu'on peut former avec 32 cartes, chacun de ces groupes étant composé de 3 cartes.

On aura les groupes de 4 cartes, en prenant les 4 premiers termes

$$\frac{3_2}{1} \;,\; \frac{3_2-1}{2} \;,\; \frac{3_2-2}{3} \;,\; \frac{3_2-3}{4}$$

qu'on multipliera les uns par les autres, en commençant par faire le produit du numérateur, ainsi qu'il est indiqué ci-après.

$3_2 \times 31 \times 3_0 \times 29$, lequel égale 863,040, qu'on divisera par 24, produit des quatre dénominateurs, on aura 35,960 pour quotient, nombre qui exprime combien on peut former de jeux, de 4 cartes chacun.

Il ne reste plus qu'à trouver le nombre qui indique tous les jeux de 5 cartes qui sont possibles. A cet effet, on prendra les 5 termes de la progression ci-dessus ; on multipliera les numérateurs 32, 31, 3o, 29, 28, les uns par les autres ; ce qui donnera 24,165,120, qui, divisé par 120, produit des dénominateurs 1, 2, 3, 4, 5, amènera le quotient 201,376, quantité qui égale le nombre de jeux de cinq cartes qu'on peut former avec les 32 dont on fait usage à l'écarté.

Tableau contenant les nombres des jeux qu'on peut former avec 32 cartes.

JEUX DE

2 cartes	496
3	4,960
4	35,960
5	201,376.

Lorsque la distribution est faite, chacun des joueurs connaît 6 cartes, et il en reste 26 qu'il connaît également ; mais il ignore si telle et telle de ces dernières est dans le talon, ou bien dans la main de son adversaire. Avant de passer outre, il est à propos de faire le calcul de toutes les combinaisons qu'on peut former avec 26 cartes, prises 2 à 2, 3 à 3, 4 à 4, 5 à 5.

Mettant le nombre 26 à la place de n, dans

les cinq premiers termes de la formule A (p. 11),
on aura la série

$$\frac{26}{1}, \quad \frac{26-1}{2}, \quad \frac{26-2}{3}, \quad \frac{26-3}{4}, \quad \frac{26-4}{5}$$

Les combinaisons 2 à 2 s'obtiendront en multipliant les 2 premiers termes de la série l'un par l'autre ; ce qui donnera $26 \times 25 = 650$; divisant ce dernier nombre par 2 produit des dénominateurs 1, 2, on aura 325 pour le nombre de groupes, formés chacun de 2 cartes.

Le nombre de groupes 3 à 3 s'obtiendra en faisant le produit des 3 premiers termes de la série, c'est-à-dire, en multipliant 26 par 25, et le produit 650 par 24 ; puis, divisant le produit 15,600 par 6, produit des dénominateurs 1, 2, 3, il viendra 2,600 pour résultat définitif.

Tous les jeux de 4 cartes, qu'on peut former avec 26 cartes, seront exprimés par le produit des 4 premiers termes de la série ci-dessus, on le formera en multipliant, les uns par les autres, les nombres 26, 25, 24, 23, on aura, pour dernier résultat 3,358,800. On divisera ce nombre par 24, produit des dénominateurs 1, 2, 3, 4, on aura le quotient 14,950, lequel indique tous les groupes de 4 cartes qu'on peut former avec 26.

On aura les groupes 5 à 5, en multipliant les 5 termes de la série ci-dessus les uns par les autres, opération qui consiste à multiplier d'a-

bord les nombres 26, 25, 24, 23, 22 entre eux,
et à diviser le produit 7,893,600 par 120, produit des dénominateurs 1, 2, 3, 4, 5; le quotient 65,780   exprimera la quantité de groupes
de 5 cartes chacun qu'on peut former avec 26
cartes.

Jeux qu'on peut former avec 26 cartes.

JEUX DE

2 cartes	325
3	2,600
4	14,950
5	65,780.

Le lecteur pourrait continuer lui-même l'a-
nalyse dont nous lui avons indiqué la marche,
et l'appliquer à tous les cas qui peuvent se présenter dans le jeu de l'écarté; pour lui éviter
cette peine, nous allons encore continuer nos
développemens, et calculer les probabilités des
sorts de chacun des joueurs, suivant les cartes
qu'il a dans sa main, ou qu'il connaît.

Supposons que l'on n'écarte pas, les calculs et
les résultats qui précèdent suffisent pour raisonner les chances favorables ou défavorables qu'on
peut avoir de son côté; mais une fois la supposition
admise, que l'un des joueurs écarte, il se présente
des modifications nombreuses de probabilités,
dont il est utile d'examiner les plus intéressantes,
et d'indiquer en même temps la manière de les
soumettre toutes à l'épreuve de l'analyse : à cet

effet, nous allons nous proposer une série de questions que nous résoudrons en même temps ; cet exercice mettra le lecteur en état de résoudre lui-même toutes celles de même espèce qui pourraient se présenter.

Leçon 3.

___

PROBLÈMES RELATIFS AUX ÉCARTS.

I.

B n'ayant pas le roi d'à-tout, cette carte n'étant pas non plus celle de la retourne, ce joueur doit-il proposer dans l'espérance d'avoir le roi, et combien y a-t-il à parier qu'il l'aura ou qu'il ne l'aura pas, en supposant qu'il écarte tout son jeu ?

Sur les 26 cartes qui lui sont inconnues, il y en a 5 dans la main de son adversaire. Si celui-ci accepte sa proposition, c'est une preuve qu'il va écarter lui-même ; admettons qu'il rejette le jeu qu'il a tout entier : il suit de là que, sur les 21 cartes qui restent au talon, il y en a une d'elles qui est le roi d'à-tout ; et, comme les 5 premières qui seront tirées, formeront le jeu de celui qui propose, il est aisé de calculer ce qu'il y a à parier qu'il aura ou qu'il n'aura pas le roi dans sa main.

Si, sur les 21 cartes, on n'en tirait qu'une seule, il y aurait 20 contre 1 à parier qu'elle ne

4*

serait pas le roi d'à-tout. Or on tire 5 cartes ; il y a donc 5 contre 16, ou à peu près 1 contre 3 à parier que l'une d'elles sera le roi d'à-tout.

Le joueur qui donne a un sort plus avantageux en sa faveur, lorsqu'il a distribué les 5 premières cartes du talon, parmi lesquelles le roi d'à-tout ne se trouve pas : en effet, les 5 cartes qui doivent former son nouveau jeu sont prises dans les 16 qui restent au talon ; il y a donc 5 contre 11, à peu près 1 contre 2, à parier que le roi d'à-tout fera parti de son nouveau jeu.

Si les deux joueurs écartaient de nouveau tout leur jeu l'un et l'autre, il ne resterait plus que 11 cartes au talon, et la probabilité d'avoir le roi serait d'abord en faveur de celui qui reçoit ; car il y aurait 5 contre 6, ou un peu moins d'un contre un, à parier qu'il recevrait cette carte parmi les 5 qui lui seraient distribuées ; mais s'il avait le malheur d'éprouver le sort contraire, il est évident que la probabilité d'avoir la même carte, qui serait en faveur du donneur, approcherait beaucoup de la certitude ; car, devant prendre 5 cartes sur les 6 qui restent, il y aurait 5 contre 1 à parier en sa faveur, que celle qu'il laisserait ne serait pas le roi.

Tels sont les raisonnemens qu'il faut faire relativement au roi d'à-tout, supposant que les deux joueurs écartent successivement tout leur jeu jusqu'à l'entier épuisement du talon. Il est rare, pour ne pas dire impossible, que ces choses se passent ainsi, parce que l'un et l'autre joueur, n'ayant jamais la certitude que la carte qu'il désire n'est pas dans la main de son adversaire, la prudence lui défend d'écarter jusqu'à extinction. Quoi qu'il en soit, les raisonnemens que nous venons de faire relativement au roi d'à-tout, peuvent s'appliquer sans restriction dans le calcul des probabilités qu'on a d'avoir toute autre carte.

II.

Le joueur B qui reçoit, ayant dans sa main un jeu tel qu'il est obligé de proposer, dans l'espérance d'avoir deux cartes qui lui manquent, combien y a-t-il à parier qu'il aura cette satisfaction, en admettant que son adversaire A accepte sa proposition ?

Les 2 cartes que B cherche peuvent se trouver dans la main de son adversaire comme dans le talon ; si elles sont dans le talon, comme c'est lui qui prend les 2 premières, il y a 209 à parier contre 1 qu'il ne les aura pas. Voici la manière de calculer ce sort : les 21 cartes du talon peuvent être considérées, lorsqu'on se propose d'en prendre 2 parmi elles, comme formant un certain nombre de jeux, chacun de 2 cartes. Or, tous les jeux de cette espèce, qu'on peut former avec 21 cartes, égalent le nombre 210, qu'on obtient en mettant le nombre 21 à la place de n, dans la formule A (page 11); et en multipliant ensuite les 2 premiers termes $\frac{21}{1}$, $\frac{21-1}{2}$, l'un par l'autre. Comme les 2 cartes que B souhaite forment un de ces jeux, il y a donc 209 à parier contre 1 qu'il ne les aura pas, quand même elles seraient dans le talon.

Si l'on veut savoir combien il y a à parier en sa faveur, en admettant la possibilité que les 2 cartes ne sont pas dans le talon, on trouvera, dans la table ci-dessus (page 39), ce sort tout calculé à la colonne des jeux de 2 cartes qu'on peut former avec 26 cartes. Ces jeux sont au nombre de 325; il y a donc 1 seulement à parier en faveur de B, contre 324, qu'il aura les 2 cartes.

Ces résultats sont très-exacts. Comme on voit, B, en écartant, a un espoir bien faible d'obtenir ce qu'il désire ; oui, s'il tenait absolument à avoir 2 cartes déterminées, tant sous le rapport de la valeur nominale ou éventuelle, que relativement à la couleur qui les distingue. etc. Mais s'il veut se contenter de 2 cartes quelconques, ayant l'une et l'autre une certaine valeur, ou une valeur supérieure à celle des cartes qui lui manquent, comme il peut y en avoir plusieurs capables de le satisfaire, il est aisé de voir que la probabilité, qui est en sa faveur, augmente considérablement. Figurons-nous que les cartes demandées par B sont le 9 et le 10 de carreau, ou toute autre carte qui leur est égale ou supérieure en valeur, il est aisé de calculer le sort qui l'attend.

En effet, il y a 6 cartes de chaque espèce, ou

24 cartes dans le jeu entier, dont 2 peuvent satisfaire B. Supposons que les 3 qu'il garde dans sa main sont de ces dernières, ainsi que celle de la retourne, il en reste 20 autres qui se trouvent en partie dans la main de l'adversaire A , ou dans le talon ; il sait donc que , sur 26 cartes qu'il ne connaît pas, il en est 20 dont 2 le contenteraient. Or, nous avons vu ci-dessus que 26 cartes, prises 2 à 2, forment 325 jeux différens ; voyons combien les 20 cartes favorables , étant aussi prises 2 à 2, formeraient de ces jeux.

Mettant 20 à la place de n, dans la formule A (page 11), et multipliant les deux premiers termes l'un par l'autre , on aurait, après toutes réductions faites, 190 ; par là on verrait que, sur 325 couples de cartes , il y en a 190 dont une quelconque contenterait B : il y a donc ce dernier nombre à parier contre 325, que B aura les 2 cartes qu'il désire. En divisant les deux nombres chacun par 5 , ce qui n'altérera point le rapport qui existe entre eux ; on trouve qu'il y a 38 contre 65, un peu moins de 2 à parier contre 3 , qu'il sera satisfait.

III.

B écarte 3 cartes ; les 2 qu'il garde sont supérieures ou égales à toutes celles dont 3 pourraient le contenter ; celle de la retourne est dans le même cas. On demande ce qu'il y a à parier en sa faveur , que les 3 cartes du talon qu'il recevra seront celles qu'il demande ?

Pour satisfaire à cette question, il faut raisonner ainsi : les cartes de la plus petite valeur, dont 3 contenteraient B, sont connues de ce dernier. Pour nous faire entendre, supposons que la plus faible des 3 cartes que B demande soit le *valet*, n'importe de quelle couleur ; avec cette donnée on pourra faire le raisonnement suivant :

Un valet, n'importe lequel, pouvant satisfaire B, dans chacune des quatre espèces de cartes, il y en a 3, le *valet*, la *dame* et le *roi*, qui peuvent concourir à compléter son jeu, ce qui forme 12 cartes pour le jeu entier, dont il en est 9 seulement qui peuvent être ou dans le talon, ou dans la main de l'adversaire A. Pour savoir ce qu'il y a à parier qu'il en sortira 3, il faut calculer le nombre de jeux possible qu'on peut former avec 9 cartes, en les prenant 3 à 3. Pour cela on mettra 9 à la place de *n* dans la formule A (page 11), et multipliant les trois premiers termes les uns par les autres, on aurait 84 pour résultat définitif. Cherchant ensuite dans la table (page 39), la colonne où sont exprimés les nombres de jeux qu'on peut former avec 26 cartes, en les prenant 3 à 3 ; et , ayant trouvé que ce nombre égale 2,600 , on en conclura qu'il y a 84 contre ce dernier nombre, ou 7 contre 650 , ou 1 contre 93 à parier que B aura les 3 cartes qu'il désire.

S'il n'était pas satisfait, et qu'il demandât encore 3 cartes, la probabilité d'avoir celles qu'il recherche serait un peu plus grande, parce que le talon aurait diminué de 3 basses cartes. Pour calculer le sort de B, dans le nouveau cas, il faut se conduire rigoureusement comme s'il avait à choisir dans 23 cartes, attendu qu'on est censé ignorer l'espéce et la valeur de celles que son adversaire a écartées, ou qu'il a dans sa main.

Le lecteur est maintenant assez exercé pour faire toutes les opérations nécessaires qui conduisent au but qu'on se propose, sans qu'il soit besoin de le lui répéter. Il mettra 23, nombre des cartes inconnues, à la place de n, dans la formule A (page 11); il multipliera les nombres 23, 22, 21, les uns par les autres; et ayant divisé le produit 10,626 par 6, produit des trois dénominateurs 1, 2, 3, il viendra 1,771 au quotient, nombre exprimant toutes les combinaisons qu'on peut former avec 23 cartes, en les prenant 3 à 3. Les 9 cartes parmi lesquelles doivent se trouver les 3 dont il a besoin, pouvant former, comme il a été démontré tout à l'heure, 84 jeux composés chacun de 3 cartes, il s'ensuit qu'il y a 84 à parier contre 1,771, que B recevra les 3 cartes qui compléteraient son jeu. En divisant les deux nombres 84 et 1771, chacun par 7, on voit que, si l'espérance favorable de B est exprimée par 12, il a à craindre des sorts contraires, égaux à 253.

S'il s'agissait de 4 cartes, ou de 5 cartes que B pourrait écarter, on calculerait les divers sorts qui l'attendent, en procédant d'une manière tout-à-fait analogue au raisonnement et aux opérations qui sont exposés ci-dessus ; nous croyons donc inutile de nous étendre davantage et de pousser plus loin ce développement.

IV.

B écarte 3 cartes : combien y a-t-il à parier qu'il en recevra au moins 2 des 3 qu'il désire, sur les 3 qu'on lui donnera ?

Pour résoudre ce problème, il faut se figurer que l'on est à la place de B, et que par conséquent on connaît la valeur de la plus basse des 3 cartes qu'il lui faut ; supposons que ce soient au moins des *as :* cette supposition admise, on procèdera ainsi qu'il suit :

Puisque 3 as, n'importe lesquels, peuvent contenter B, il est évident que dans le jeu entier il y a 16 cartes, dont 3 auraient cette faculté ; reste à savoir si B a déjà quelqu'une de ces 16 cartes, et si celle de la retourne en fait partie. Supposons que B a une de ces cartes, et que la retourne appartient également à cette classe, il est positif que toutes les espérances de B se fondent sur les 14 qu'il sait seulement être ou dans le talon, ou en partie dans la main de A. Partant de ces données, il ne sera pas difficile de découvrir la méthode qu'il faut suivre pour calculer le sort qui est réservé à B.

En effet, sur les 26 cartes, il y en a 14 qui,

étant prises 3 à 3, forment 364 combinaisons, qui sont toutes favorables au sort de B. Il faudra donc retrancher 364 du nombre qui exprime les combinaisons qu'on peut former avec 26 cartes, en les prenant 3 à 3, pour connaître celles qui sont funestes.

Deux des 12 basses cartes se trouvant parmi les 3 que B doit recevoir, ce dernier, d'après nos suppositions, éprouverait un sort funeste, tout comme il en éprouverait un favorable si sur 3 cartes il en recevait 2 dont la valeur fût égale ou supérieure à celle des as; nous sommes donc conduits naturellement à discuter la probabilité qu'il y a en faveur de l'un ou de l'autre de ces deux hasards.

Les 14 cartes favorables, pouvant former 91 combinaisons, étant prises 2 à 2, chacune de ces combinaisons admettra nécessairement, n'importe dans quel ordre, une des 12 basses cartes pour former un jeu de 3 cartes; chacune de ces mêmes combinaisons pouvant admettre successivement les 12 basses cartes, elle formera avec celles-ci 12 groupes, chacun de 3 cartes, tous différens entre eux; ce qui fera en tout 12 fois 91, ou 1,092 combinaisons de 3 cartes, dont 2 seront favorables à B. Ajoutant à ces 1,092 combinaisons les 364 que produisent les 14 cartes favorables, en les prenant 3 à 3, on aura un total de 1,456 jeux favorables.

On connaîtra les jeux de 3 cartes qui sont funestes, en retranchant 1,456 de 2,600 nombre de jeux que 26 cartes peuvent former, étant prises 3 à 3, on aura le reste 1,144; d'où il suit qu'il y a 1,456 à parier contre 1,144, environ $1\frac{1}{4}$ contre 1, que les 3 cartes qu'on donnera à B en contiendront au moins 2 de toutes celles qui peuvent le satisfaire.

Si, après avoir écarté une fois, le joueur B demandait encore des cartes au nombre de 3, il serait facile de calculer d'avance combien il y a à à parier qu'il en recevrait au moins 2 favorables, en prenant pour guide les raisonnemens que nous venons de faire pour arriver à la solution de ce problème.

V.

Le joueur B ayant écarté 4 cartes, on demande combien il y a à parier qu'il en recevra au moins 2, faisant partie de toutes celles qui lui sont favorables?

La valeur des cartes favorables n'étant pas inférieure, par exemple, à celle des *dix* inclusivement, pour obtenir la solution désirée, on fera ce raisonnement : Parmi les 6 cartes que B connaît, dont une est celle de la retourne, y en a-t-il une ou deux au moins dont la valeur soit au-dessus de celle des *dix*, en ne considérant dans celle de la retourne que sa valeur nominale? soit que B connaisse une des cartes dont la valeur nominale est au-dessus des *dix*, ou égale à celle des cartes de cet ordre.

Puisque la question est de savoir si B recevra

2 bonnes cartes en prenant les 4 qui lui seront présentées, on est conduit naturellement à discuter les choses dans l'ordre ci-après :

Parmi les bonnes cartes, les plus basses étant des *dix*, le jeu entier en contient 20 qui sont toutes propres à combler les vœux du joueur B; mais comme celui-ci n'ignore point qu'il y en a au moins une d'entre elles qui ne fait plus partie du talon, ni du jeu de A ; c'est-à-dire que, sur les 26 dont il ignore la destinée, il y en a 19 qui sont bonnes, et 7 qui sont d'une valeur trop faible. En combinant 26 cartes, 4 à 4, on aura, au moyen de la formule A (page 11), 14,950, desquelles, retranchant le nombre qui exprime les combinaisons qui ne contiennent tout au plus qu'une des 19 bonnes cartes, on aura les rapports des hasards, dont les uns sont favorables, et les autres sont funestes à B.

Pour opérer avec plus de facilité, prenons les 7 cartes dont la valeur est inférieure à celle des *dix*. Combinons-les d'abord 4 à 4; pour cela mettons 7 à la place de *n* dans la formule A (page 11), et faisant le produit des 4 premiers termes, en multipliant les nombres 7, 6, 5 et 4, les uns par les autres, ce produit sera 840, que l'on divisera par 24, produit des dénominateurs 1, 2, 3, 4, on aura au quotient 35.

Combinant les 7 mêmes cartes 3 à 3, on trouvera 35 combinaisons différentes ; chacune de ces dernières combinaisons admettant, n'importe dans quel ordre, une des 19 bonnes cartes, pour former un jeu de 4 cartes, il est clair et facile à concevoir que chacune de ces 19 bonnes cartes formera 35 combinaisons avec les groupes de 3 cartes, dont il vient d'être parlé ; ce qui fera en tout 19 fois 35, ou 665 combinaisons de 4 cartes chacune, dont 3 seront inférieures en valeur aux *dix*. Nous venons de voir, tout à l'heure que les 7 basses cartes forment encore 35 combinaisons de 4 cartes chacune. Ajoutant 35 à 665, on aura le total de 700 combinaisons, contenant chacune plus de 2 basses cartes.

On retranchera ensuite 700 de 14,950, nombre qui exprime toutes les combinaisons diverses qu'on obtient en prenant 26 cartes, 4 à 4, on aura pour reste 14,250 ; ce dernier nombre indique les combinaisons de 4 cartes, qui contiennent au plus 2 basses cartes. Il y a donc 14,250 à parier contre 700, ou en divisant les termes par 50 ; 285 contre 14, un peu plus de 20 contre 1, que le joueur B recevra 4 cartes, parmi lesquelles 2 au moins auront une valeur nominale égale ou supérieure à celle des *dix*.

VI.

Afin d'exercer le lecteur, proposons-nous encore la solution de ce problème.

Le joueur B écarte tout son jeu, dans l'espérance que, parmi les 5 cartes qu'il recevra, il y en aura au moins 3 dont la valeur nominale sera égale ou supérieure à celle des valets : on demande combien il y a à parier qu'il ne sera point trompé dans son attente, en supposant que la carte qui a été retournée soit une dame?

On voit tout de suite que le jeu entier de 32 cartes en contient 12 dont la valeur nominale est au moins égale à celle des valets ; B ne connaissant qu'une de ces 12 cartes, il y en a nécessairement 11 parmi les 26 qui forment le talon et le jeu de son adversaire.

Pour arriver à la solution du problème, opérons sur les 15 basses cartes qui restent, quand on a retranché les 11 bonnes des 26 qui sont inconnues à B; puisque celui-ci espère avoir au moins 3 bonnes cartes parmi les 5 qu'il recevra, on retranchera, du nombre total des combinaisons qu'on peut former avec 26 cartes, en les prenant 5 à 5, d'abord toutes celles que produisent les 15 basses cartes, prises 5 à 5, puis celles qui contiennent 4 basses cartes, puis enfin celles qui en contiennent 3.

15 cartes, combinées 5 à 5, produisent 3,003 combinaisons différentes. Le même nombre de cartes, combinées 4 à 4, produisent 1,365 groupes différens.

15 cartes, combinées 3 à 3, donnent 455 combinaisons.

Il est inutile de faire observer au lecteur que tous ces calculs se déduisent de la formule A (page 11).

Pour atteindre le but que nous nous sommes proposé, nous allons calculer les divers groupes qu'on peut former avec 11 cartes, supposant qu'on les prenne 2 à 2, ou 3 à 3... On verra tout à l'heure le motif qui nous engage à prendre cette marche.

11 cartes, prises 2 à 2, forment 11×10, égale 115, divisé par 2, égale 55 combinaison..

Le même nombre de cartes, prises 3 à 3, s'obtient en faisant le produit des nombres 11, 10, 9, lequel égale 990, qui, divisé par 6, donne 165 pour indiquer le nombre de groupes de 3 cartes qu'il est possible de former avec 11 de ces dernières.

Il est inutile de pousser plus loin le calcul des combinaisons dont ces cartes sont susceptibles, en les prenant 4 à 4, 5 à 5, etc., etc.; car, d'après les données du problème, le joueur B ne désire que 3 cartes d'une valeur supérieure à celle des as, dans le jeu qu'il attend de la seconde distribution. Le premier venu s'aperçoit, sans faire de longs raisonnemens, que l'introduction de toutes les combinaisons de 3 cartes, produites par les 15, qui sont considérées comme inférieures dans une des combinaisons que les 26 cartes forment lorsqu'on les prend 2 à 2, suffit pour rendre ces groupes contraires aux intérêts du joueur B. Tâchons actuellement de découvrir, parmi les 65,780 groupes que produisent 26 cartes, prises 5 à 5, combien il doit s'en trouver qui admettent au moins 3 cartes des 15 que B redoute.

Nous venons de voir que 15 cartes, prises 5

à 5, produisent 3,003 combinaisons, et qu'étant prises 4 à 4, les mêmes cartes peuvent en former 1,365, et qu'enfin elles n'en forment que 455, lorsqu'on les prend 3 à 3. On peut donc retrancher tout de suite 3,003 du nombre total 65,780, lequel indique toutes les combinaisons qu'on obtient en prenant 26 cartes 5 à 5.

En second lieu, 15 cartes produisant 455 combinaisons, composées chacune de 3 cartes, il est évident que l'une quelconque de ces combinaisons peut s'allier avec chacune de celles que forment les 11 bonnes cartes, étant prises 2 à 2, lesquelles égalent 55 ; on a donc 455 fois 55, ou 25,575 combinaisons de 5 cartes, dont 3 auront une valeur inférieure à celle des valets.

15 cartes produisant 1,365 combinaisons, étant prises 4 à 4, et chacune de ces combinaisons pouvant admettre une quelconque des 11 bonnes cartes pour former le jeu complet de 5 cartes, on a 11 fois 1,365, ou 15,015 combinaisons qui contiennent toutes 4 basses cartes. Réunissant toutes les combinaisons qui contiennent au moins 3 basses cartes, on a le nombre 43,593, qui, retranché de 65,780, laisse le reste 22,187. L'opération est terminée, c'est-à-dire qu'il y a 22,187 contre 43,593, un peu plus de 1 contre 2, à parier que B recevra 3 bonnes cartes parmi les 5 qui lui seront distribuées.

Leçon 4.

DES ÉCARTS CONSIDÉRÉS SOUS LE RAPPORT DES A-TOUTS.

DANS les problèmes qui ont été proposés ci-dessus et dont on a donné la solution, on s'est conduit comme si toutes les cartes n'avaient que leur valeur nominale; mais quiconque connaît les lois de l'écarté, dont nous avons donné une idée (page 19 et suivantes), sait bien que la carte que le donneur retourne communique, à toutes celles de son espèce, une valeur particulière qui est telle, que la plus faible d'entre elles l'emporte sur toutes celles qui appartiennent à l'une quelconque des trois autres classes. Expliquons-nous, et supposons que la carte qui a été retournée est un *huit* de *carreau;* eh bien, par cela seul que cette carte s'est trouvée la onzième lors de la première distribution, la règle veut que tous les carreaux, quelle que soit leur valeur nominale, l'emportent sur toute autre carte qui n'est pas de leurs classes, fût-ce un roi, une dame...

Mais les à-touts conservent toujours entre eux les mêmes rapports de valeur qu'ils ont lorsqu'on les considère isolément : il nous est facile de nous faire entendre du lecteur, en le priant de considérer la classe des à-touts comme une famille dont un des membres, qui est la carte qu'on aura retournée, ennoblit tous les autres, en donnant à chacun des avantages proportionnés à ceux dont il jouissait auparavant; c'est-à-dire que le roi d'à-tout conserve, sur toutes les cartes de son espèce, le même degré de supériorité qu'il avait avant que la retourne n'eût favorisé une de ces cartes ; seulement il est devenu, par ce seul fait, plus puissant que chacun des autres rois. Toutes les cartes de son espèce jouissent du même degré de supériorité sur toutes celles qui ont la même valeur nominale qu'elles.

D'après ces conventions, on est sûr de faire le point toutes les fois qu'on a les trois à-touts de la plus haute valeur, qui sont : le roi, la dame, et le valet ; il est encore très-probable qu'on fera le point si on a trois ou quatre à-touts, n'importe de quelle valeur.

Souvent c'est dans l'espoir qu'il aura des à-touts, que le second joueur B propose d'écarter ; nous allons résoudre quelques problèmes relatifs aux probabilités qu'il peut avoir à son avantage, et réciproquement.

I.

B, n'ayant qu'un à-tout dans son jeu, demande des cartes dans l'espérance d'en avoir 2 autres. Supposant qu'il rejette 4 cartes, on demande combien il y a à parier que, dans les cartes qu'il recevra, il se trouvera 2 à-touts?

Des 8 à-touts, il y en a 2 qui sont connus de B. D'abord celui qu'il a dans sa main est la carte de la retourne; il en reste donc 6 dans la main de son adversaire, ou dans le talon. Comme il est nécessaire, pour qu'il soit satisfait, qu'il s'en trouve 2 parmi les 4 cartes qu'il recevra, on arrivera directement à la solution du problème, en calculant le nombre de combinaisons de 4 cartes, contenant chacune 2 à-touts, que doivent produire 26 cartes inconnues, dont 6 sont des à-touts.

Cherchez d'abord le nombre de combinaisons que produisent 6 cartes, étant prises 2 à 2; calculez ensuite les combinaisons qu'on peut former avec 20 cartes, en les prenant aussi 2 à 2.

Six cartes, prises 2 à 2, forment 15 combinaisons; 20 cartes, étant prises 2 à 2, donnent $20 \times 19 = 380$. Ce nombre, divisé par 2, produit le quotient 190, puisqu'il y a 190 combinaisons dans toutes les manières de considérer 20 cartes 2 à 2, et qu'il y en a 15 pareilles qui sont produites par 6 cartes; on voit tout de suite que, pour avoir les groupes de 4 cartes qui doivent contenir 2 des 6 à-touts, on n'a qu'à combiner les 15 groupes de 2 cartes avec les 190 groupes qui ne renferment point d'à-touts ; il est évident que chacun des 15 groupes peut s'allier avec les 190 autres ; ce qui produit 15 fois 190, ou 2,850 groupes de 4 cartes, dont 2 sont des à-touts.

Retranchant 2,850 de 14,950, qui est le nombre de toutes les combinaisons qu'on peut former avec 26 cartes, en les prenant 4 à 4, il reste 12,100 ; il y a donc 2,850 à parier contre 12,100, ou un peu moins de 1 contre 4, que B recevra les 2 à-touts qu'il désire.

S'il arrive qu'il soit trompé dans son attente et qu'il propose de nouveau d'écarter 4 cartes, et qu'on demande quelle est la probabilité qu'il a d'avoir les 2 à-touts à la seconde distribution, on procédera à la solution du problème, en suivant la même marche.

Puisqu'il vient de rejeter encore 4 cartes, c'est une preuve qu'il n'avait point reçu d'à-tout, et il reste 22 cartes qui lui sont inconnues, et parmi lesquelles sont les 6 à-touts, dont 2 peuvent le satisfaire. En se conduisant d'une manière analogue aux raisonnemens qu'on a fait ci-dessus, on trouvera que, de 22 cartes, retranchant les 6 à-touts, il restera 16 cartes, qui, combinées 2 à 2, produisent 120 combinaisons, lesquelles, pouvant s'allier avec chacun des 15 groupes que donnent les 6 à-touts, étant aussi combinés 2 à 2, on a 15 fois 120, ou 1,800 jeux de 4 cartes, contenant chacun 2 à-touts ; retranchant ce nombre de 7,315 jeux produits par 22 cartes, prises 4 à 4, il reste 5,515 combinaisons de 4 cartes, qui ne contiennent tout au plus qu'un à-tout ; il y a donc 5,515 à parier contre 1,800, ou un peu plus de 5 contre 2, que B ne recevra pas les 2 à-touts qu'il attend.

I I.

B écarte 3 cartes dans l'espoir qu'il recevra 2 à-touts : combien y a-t-il à parier en sa faveur, en supposant qu'il a un à-tout dans la main ?

Comme dans le cas précédent, sur les 8 à-touts, il en est 6 qui sont inconnus à B, et puisqu'il doit en recevoir 2 pour être satisfait, il faut faire les combinaisons de 6 cartes, prises 2 à 2 ; nous avons vu que ces combinaisons étaient au nombre de 15, chacune desquelles peut s'allier avec les 20 autres cartes qui ne sont pas des à-touts ; ce qui formera 15 fois 20, ou 300 combinaisons de 3 cartes, dont 2 sont des à-touts. Retranchant ce nombre de 2,600, quantité qui exprime le nombre total des combinaisons qu'on peut former avec 26 cartes, en les prenant 3 à 3, il restera 2,300 : c'est le nombre des combinaisons de 3 cartes qui ne contiennent qu'un à-tout tout au plus ; on peut donc parier 2,300 contre 300, à peu près 8 contre 1, que B ne recevra pas 2 à-touts.

III.

B écarte 3 cartes; les 2 qu'il garde ne sont point des à-touts : combien y a-t-il à parier que les 3 cartes qu'il recevra ne seront pas 3 à-touts ?

Puisque B n'a point d'à-tout dans la main, il en est 7 qu'il ne connaît pas; calculez le nombre de combinaisons qu'on peut former avec 7 cartes, en les prenant 3 à 3, retranchez le nombre qui exprimera ces combinaisons du nombre total des combinaisons que produisent 26 cartes, étant prises 3 à 3.

Sept cartes, prises 3 à 3, forment 35 combinaisons; 26 cartes, étant aussi prises 3 à 3, en produisent 2,600. Retranchant 35 dĕ ce dernier nombre, on a 2,565 pour les combinaisons de 3 cartes, dont une au moins n'est pas un à-tout. Il y a donc 2,565 à parier contre 35, ou à peu près 73 contre 1, que B ne recevra pas les 3 à-touts.

Les problêmes de ce genre sont assez faciles à résoudre; les exemples que nous venons de donner peuvent servir comme de modèles au lecteur qui voudra prendre la peine de trouver la solution de toutes les questions de cette espèce.

Il nous paraît superflu de faire observer qu'en mettant le joueur A à la place de B, tous les problêmes que nous venons de résoudre relativement aux à-touts, s'appliqueront également aux sorts du joueur A; c'est-à-dire que, connaissant l'état de son jeu, on pourra calculer d'avance la probabilité qu'il a de prendre 3 à-touts, 2 à-touts, etc. Dans toutes les questions qui précèdent et qui vont suivre, il faut mettre chacun des deux joueurs à la place de l'autre, sans rien changer aux raisonnemens.

Problèmes relatifs aux rapports que les jeux des deux adversaires peuvent avoir entre eux.

I.

Le joueur B a 3 rois et une dame dans sa main, et point d'à-tout : combien y a-t-il à parier que son jeu est en général supérieur à celui de A, en supposant qu'ils n'ont pas encore écarté ?

La solution de ce problème est un peu compliquée, à cause des nombreuses suppositions qu'on est obligé de faire pour établir le raisonnement.

Néanmoins on peut le résoudre du premier coup, en procédant de cette manière : le jeu de B ne peut être inférieur à celui de A qu'autant que ce dernier aurait dans sa main 4 cartes qui l'emporteraient en valeur sur les rois et les dames, ou dont 3 seraient équivalentes à celles-ci, et une seulement leur serait supérieure ; nous sommes donc obligés de chercher le rapport qui existe entre le nombre des cartes égales ou supérieures à celles de B , et celui des cartes qui leur sont inférieures. Sur les 32 cartes , on en connaît 5 qui sont égales ou supérieures à celles de B , et une qui leur est inférieure. Les cartes supérieures sont les 7 à-touts , et 2 dames qui sont égales à celles de B. Il s'agit donc de discuter combien on peut former de jeux avec 2 dames et 7 à-touts : en les prenant 4 à 4, il est évident que le jeu de A sera supérieur à celui de B, s'il contient 3 à-touts ; mais que , s'il n'en contient que 2 , il est possible que B fasse le point , attendu qu'il a l'avantage de jouer le premier.

Cherchons maintenant combien il y a de jeux de 5 cartes parmi tous ceux qu'on peut former avec les 26 qui sont inconnues à B, en les prenant 5 à 5.

26 cartes produisent 65,780 jeux, de 5 cartes chacun ; on aura aisément le nombre de ceux qui contiennent 3 à-touts, en se conduisant ainsi qu'il suit :

Sept cartes , combinées 3 à 3 , forment 35 jeux de 3 cartes ; lesquelles forment des jeux de 5 cartes , en les alliant avec les combinaisons de 2 cartes , qu'ont produites, en prenant 2 à 2 les 19 cartes qui ne sont pas des à-touts ; 19 cartes, combinées 2 à 2 , produisent 171 jeux , chacun desquels, pouvant être accouplé avec les 35 groupes de 3 cartes , qu'on forme avec les 7 à-touts, on a 35 fois 171 , ou 5,965 combinaisons de 5 cartes , dont 3 sont des à-touts. Retranchant ce

nombre de 65,780, il reste 59,815, quantité qui
indique tous les jeux de 5 cartes, dont 3 au
moins ne sont pas des à-touts. B pourrait donc
parier 59,815 contre 5,965, à peu près 10 contre
1 , que son adversaire n'a pas 3 à-touts dans son
jeu ; tout comme celui-ci pourrait parier, dans
le même rapport, que B n'a pas non plus 3 à-
touts dans le sien, supposant toutefois qu'il n'en
a pas lui-même.

II.

Le joueur B a 2 rois et le valet d'à-tout. Les
deux autres cartes sont 1 *huit* et 1 *sept.* Combien
y a-t-il à parier que son jeu est supérieur à
celui de son adversaire, en supposant que la
carte de la retourne est un *dix* ?

Pour que le jeu de A fût supérieur à celui de
B , il faudrait qu'il eût 3 à-touts et une carte
supérieure, comme un roi; car B , étant premier à jouer, présentera d'abord un roi de
trèfle, par exemple. A, ayant le *neuf* de cette
couleur, est forcé de le donner ; B par conséquent fait une levée, et il jette le roi de *pique* :
l'adversaire A est forcé de couper, puisque des
4 cartes qui lui restent il en est 3 qui sont des
à-touts, et la quatrième 1 roi ; le second pli est
fait par A , qui continue à jouer en présentant
son roi; B, n'ayant pas de cartes de son espèce,
coupe avec son valet, et il fait le second pli. Les
deux suivans se font au profit de A.

Il nous reste à démontrer combien il y a à parier que le jeu de A ne contient pas 3 à-touts et un roi.

Parmi les 26 cartes, il y a 2 rois et 6 à-touts, ce qui fait en tout 8 cartes. Comme il ne doit y avoir, suivant les conventions, que 3 à-touts dans le jeu de A, il faut d'abord faire les combinaisons des 6 à-touts ; en les prenant 3 à 3, on en trouvera 20, chacune desquelles peut recevoir 1 roi ; comme il y en a 2, on aura en tout 2 fois 20, ou 40 jeux de 4 cartes, dont la quatrième est un roi.

Alliant les 40 jeux avec chacune des 18 cartes qui restent, on formera tous les jeux de 5 cartes qu'il est possible d'avoir, ayant chacun 3 à-touts et 1 roi. 18 fois 40 font 720 ; ce dernier nombre, retranché de 65,780, laissera le reste 65,060, lequel indique le nombre de jeux qui ont tous moins de 3 à-touts. Ce résultat nous fait voir qu'il y a 65,060 à parier contre 720, ou 93 contre 1, que le jeu de A ne se compose pas de 3 à-touts et d'un roi.

Si l'on accorde que le joueur A peut avoir un à-tout de plus en place du roi ou de la basse carte, il y aura quelque avantage de plus à parier pour lui.

Six à-touts, étant combinés 4 à 4, forment 15 jeux différens, lesquels pouvant recevoir une des 20 autres cartes, on aura 15 fois 20, ou 300 jeux de 5 cartes, dont 4 sont des à-touts, lesquels, étant ajóutés aux 720, qui en contiennent

3, font 1,020, qui sont tous favorables à A. Retranchant 1,020 de 65,780, il restera 64,760 pour les jeux qui lui sont contraires : ce dernier nombre est inférieur à 65,060 qu'on avait plus haut.

Les problèmes de cette espèce peuvent se multiplier, sinon à l'infini, du moins un nombre de fois très-considérable. Il faudrait beaucoup de temps et beaucoup d'espace pour les résoudre et les exposer ; mais aussi la personne qui prendrait la peine d'analyser tous les cas, et de disposer les résultats sur un tableau, serait sûre de jouer le plus souvent les cartes qui conviennent. Pour deux joueurs ainsi exercés, l'écarté serait à la longue un simple jeu de hasard : au reste, ceux qui ont l'habitude de jouer ce jeu finissent tôt ou tard par se former une sorte d'instinct qui leur indique assez bien la manière dont ils doivent se conduire, relativement au jeu qui leur est échu, et à la position où ils se trouvent, par rapport à leur adversaire.

Leçon 5.

—

ANALYSE DES JEUX QU'ON PEUT FORMER DANS LES 26 CARTES, CONSIDÉRÉS RELATIVEMENT AUX CARTES D'UNE ESPÈCE QUELCONQUE.

LES deux problèmes qui précèdent nous conduisent à résoudre une suite de questions sur tous les cas possibles qui peuvent se présenter dans le jeu de B, relativement à une espèce de carte.

I.

B n'ayant point d'à-touts, combien y a-t-il à parier que son adversaire en a au moins un ?

Les 26 cartes inconnues contiennent 7 à-touts, qui, étant pris, 1° 1 à 1, forment 7 jeux d'une carte chacun ; 2° étant prises 2 à 2, ils en forment 21 de 2 cartes ; 3° pris 3 à 3, ils produisent 35 jeux de 3 cartes ; 4° pris 4 à 4, ils produisent 35 jeux ; 5° pris 5 à 5, il en donnent 21.

Les 7 jeux d'une seule carte peuvent s'allier avec les 3,876 que produisent les 19 autres cartes, prises 4 à 4 : ce qui fera en tout 7 fois 3,878 , ou 27,146 jeux, dont une des 5 cartes sera 1 à-tout.

Les 21 combinaisons de 2 cartes chacune, s'alliant avec les 969 jeux de 3 cartes, que produisent les 19 qui ne sont pas des à-touts, forment 21 fois 969, ou 20,349 jeux, dont 2 des 5 cartes sont des à-touts.

Les 35 jeux de 3 cartes s'allient avec les 171 que produisent les 19 cartes, prises 2 à 2 , forment 35 fois 171 , ou 5,985 jeux de 5 cartes, dont 3 sont des à-touts.

Les 35 collections de 4 à-touts, unies chacune avec les 19 collections d'une carte , forment 35 fois 19, ou 665 groupes qui contiendront chacun 4 à-touts.

Enfin , les 21 combinaisons, composées chacune de 5 à-touts, restent telles qu'elles sont, puisqu'elles forment chacune un jeu complet.

Reprenant tous les résultats ci-dessus, on en formera le tableau suivant :

Jeux ayant 1 à-touts.	27,132
2	20,349
3	5,985
4	665
5	21
Total des jeux ayant au moins 1 à-tout	54,152

Retranchant cette dernière quantité de 65,780, qui est le nombre des jeux qu'on peut faire en prenant 26 cartes 5 à 5, il reste 11,628 ; c'est la quantité des jeux qui n'ont point d'à-touts ; il y a par conséquent 54,152 à parier contre 11,628, à peu près 4 contre 1, que le joueur A a au moins 1 à-tout. Il y a le même nombre à parier contre 1, le jeu de B étant dans la main de A, que B a au moins 1 à-tout.

Au moyen du tableau ci-dessus, on peut trouver tout de suite ce qu'il y a à parier que A a 2 à-touts, 3 à-touts, 4 à-touts, ou 5 à-touts.

Pour 2 à-touts, on retranchera 27,020 somme de tous les jeux qui ont au moins 2 à-touts, de 65,780 ; on trouvera 38,760 pour reste ; c'est-à-qu'il y a 38,760 à parier contre 27,020, que le joueur A n'a pas 2 à-touts dans la main.

Pour 3 à-touts, retranchez de 65,780 la somme de tous les jeux qui contiennent 3 à-touts et plus ; cette somme est 6,671 , laquelle, étant retranchée de 65,780 , laisse le reste 59,109. Il y a donc 59,109 à parier contre 6,671 , que le joueur A n'a pas 3 à-touts.

Pour 4 à-touts, retranchez la somme de tous les jeux qui ont au moins 4 à-touts, laquelle égale 686, de 65,780, vous aurez le reste 65,094. Il y a ce dernier nombre à parier contre 686 que le joueur A n'a pas 4 à-touts.

Pour 5 à-touts, retranchez 21, qui est le nombre de tous les jeux possibles que l'on peut faire avec 7 à-touts, de 65,780, vous aurez le reste 65,759; ce qui nous fait voir que l'espérance d'avoir 5 à-touts n'a que 21 chances favorables, et qu'il y en a 65,759 qui lui sont contraires.

II.

Le joueur B *ayant un à-tout dans son jeu, combien y a-t-il à parier que le joueur* A *en a au moins un?*

Puisque le joueur B a un à-tout, il y en a 6 seulement qui sont inconnus; lesquels, étant combinés 1 à 1, 2 à 2, 3 à 3, 4 à 4, 5 à 5, donnent 6 jeux d'une seule carte; 15 de 2 cartes; 20 de 3 cartes; 15 de 4 cartes, et 15 de 5 cartes. Les 20 cartes qui restent, étant combinées 1 à 1, 2 à 2, 3 à 3, 4 à 4, donnent les jeux suivans : 1 à 1, 20; 2 à 2, 190; 3 à 3, 1,140; 4 à 4, 4,845.

Pour avoir tous les jeux qui contiennent au moins 1 à-tout, il faut multiplier les combinaisons 1 à 1, 2 à 2, 3 à 3, 4 à 4 des 6 cartes par celles de 4 à 4, 3 à 3, 2 à 2, 1 à 1 des 20 autres cartes qui ne sont pas des à-touts. Le motif de cette opération sera parfaitement senti par le lecteur qui aura lu les développemens qui précèdent. On peut indiquer toutes ces multiplications de la manière suivante :

<table>
<tr>
<td rowspan="2" style="writing-mode:vertical-lr">COMBINAISONS DES 6 A-TOUTS, PRIS</td>
<td>

1 à 1 — 6	4 à 4 — 4,845
2 à 2 — 15	3 à 3 — 1,140
3 à 3 — 20	2 à 2 — 190
4 à 4 — 15	1 à 1 — 20

</td>
<td rowspan="2" style="writing-mode:vertical-lr">COMBINAISONS DE 20 CARTES, PRISES</td>
</tr>
<tr>
<td>

PRODUITS DE

$$6 \times 4{,}855 = 29{,}070$$
$$15 \times 1{,}140 = 17{,}100$$
$$20 \times 190 = 3{,}800$$
$$15 \times 20 = 300$$

</td>
</tr>
</table>

TOTAL 50,270.

Ajoutant à tous ces jeux, les 6 qui résultent de la combinaison des 6 à-touts, étant pris 5 à 5, on a 50,276 jeux, qui contiennent chacun au moins un à-tout. Retranchant cette quantité de 65,780, reste 15,504 jeux qui n'ont pas d'à-tout; il y a donc 50,296 contre 15,504, un peu plus de 3 contre 1, à parier que A a au moins 1 à-tout.

Pour savoir ce qu'il y a à parier qu'il en a 2, 3, 4 et 5, prenez, dans le tableau ci-dessus, la somme de tous les jeux qui ont au moins 2 à-touts : cette somme égale 21,206; retranchez ce nombre de 65,780, vous aurez le reste, 44,574 à parier contre 21,206, un peu plus de 2 contre 1, que le joueur A n'a pas 2 à-touts.

On saura ce qu'il y a à parier qu'il n'en a pas
3, en retranchant de 65,780 la somme de tous
les jeux qui ont au moins 3 à-touts. Cette somme,
prise dans le tableau ci-dessus, égale 4,106, laquelle étant retranchée de 65,780, on voit qu'il
y a 61,674 à parier contre 4,106, un peu plus
de 15 contre 1, que le joueur A n'a pas 3 à-
touts.

Pour 4 à-touts, prenez, dans le tableau ci-
dessus, la somme des jeux qui ont au moins 4
à-touts; elle égale 306 qui, retranchés de
65,780, donnent le reste 65,474, nombre qu'on
peut parier contre 306, environ 218 contre 1,
que le joueur A n'a pas 4 à-touts.

Pour 5 à-touts, retranchez 6 nombres de jeux
qui contiennent 5 à-touts de 65,780, vous aurez 65,774 contre 6, ou 10,963, à parier contre
1, que le joueur A n'a pas 5 à-touts.

III.

Le joueur B ayant 2 à-touts dans la main, on
demande ce qu'il y a à parier que le joueur A
n'en a pas 1, 2, 3, 4, 5.

Puisque le joueur B a 2 à-touts, il n'y en a
que 5 qui sont inconnus; il faudra les combiner 1 à 1, 2 à 2, 3 à 3, 4 à 4, 5 à 5, pour avoir
tous les jeux de 1, 2 ... cartes qu'ils peuvent
former.

Ensuite on combinera également les 21 cartes

qui ne sont pas des à-touts, 1 à 1, 2 à 2, 3 à 3, 4 à 4, et l'on dressera le tableau suivant :

COMBINAISONS des 5 à-touts, pris	COMBINAISONS des 21 cartes, prises
1 à 1 = 5	4 à 4 = 5,985
2 à 2 = 10	3 à 3 = 1,330
3 à 3 = 10	2 à 2 = 210
4 à 4 = 5	1 à 1 = 21
5 à 5 = 1	

Produits des combinaisons des 5 cartes, multipliées par les nombres qui expriment celles des 21 autres cartes qui ne sont pas des à-touts.

$$5 \times 5,985 = 29,925 \text{ jeux ayant 1 à-tout.}$$
$$10 \times 1,330 = 13,300 \qquad 2$$
$$10 \times 210 = 2,100 \qquad 3$$
$$5 \times 21 = 105 \qquad 4$$

TOTAL. . . . . . 45,430 jeux ayant 1 à-tout et plus.

Ajoutant 1 pour le jeu que les 5 à-touts forment, étant pris 5 à 5, on a 45,430 jeux , qui tous ont au moins 1 à-tout : retranchez cette somme de 65,780, vous aurez le reste 20,345 ; de sorte que vous pourriez parier 45,431 contre ce dernier nombre, à peu près $2\frac{1}{2}$ contre 1,

7

que le joueur A a au moins 1 à-tout dans son jeu.

Il nous sera également facile, au moyen du tableau ci-dessus, de connaître ce qu'il y a à parier qu'il en a 2, 3, 4 et 5.

Pour 2 à-touts, faites la somme de tous les jeux qui ont 2 à-touts et plus, laquelle égale 15,506 ; retranchez-la de 65,780 , vous aurez le reste 50,274 ; c'est la quantité qu'on pourra parier contre 15,506, un peu plus de 3 contre 1, que le joueur A n'a pas 2 à-touts.

Pour 3 à-touts, ajoutez tous les jeux indiqués dans le tableau qui ont au moins 3 à-touts et plus ; retranchez la somme 2,206 de 65,780 , le reste 63,574 est ce qu'il faut parier contre 2,206, à peu près 31 contre 1, que le joueur A n'a pas 3 à-touts.

Pour 4 à-touts, faites la somme des nombres 105 et 1 qui indiquent, dans le tableau, les jeux qui ont 4 à-touts et plus. Retranchez 106 de 65,780 , vous aurez 65,574 à parier contre 106, ou environ 655 contre 1 que le joueur A n'a pas 4 à-touts.

Le nombre des jeux de 5 cartes étant 1 seulement, il y a par conséquent 65,779 à parier contre 1 que le joueur A n'a pas 5 à-touts.

I V.

B ayant 3 à-touts dans la main , combien il y a-t-il à parier que le joueur A n'en a pas 1 , 2 , 3 , 4?

Puisqu'il y a la moitié des à-touts de connus, on fera d'abord toutes les combinaisons des 4 qui sont inconnus, en les prenant 1 à 1, 2 à 2, 3 à 3, 4 à 4.

On fera ensuite les combinaisons des 22 autres cartes qui ne sont pas des à-touts ; en les prenant aussi 1 à 1 , 2 à 2 , 3 à 3 , 4 à 4 , on trouvera que 4 cartes produisent 4 jeux d'une carte , 6 de 2 , 4 de 3 , et un de 4. On trouvera ensuite que 22 cartes contiennent 7,315 jeux de 4 cartes, 1,560 de 3, 231 de 2, 22 d'une seule carte : on pourra disposer ces deux séries pour les multiplier les unes par les autres , et avoir les jeux qui renferment 1 , 2, 3, 4 à-touts. Le tableau suivant représente le résultat de ces diverses opérations.

COMBIN. de 4 cartes prises	COMBINAISON de 22 cartes, prises	JEUX DE
1 à 1—4	4 à 4—7,315	7,315×4=29,260—1 à-tout
2 à 2—6	3 à 3—1,540	1,540×6= 9,240—2
3 à 3—4	2 à 2— 231	231×4= 924—3
4 à 4—1	1 à 1— 22	22×1= 22—4

Total des jeux ayant au moins
1 à-tout. . . . . .39,446.

Retranchant cette dernière somme de 65,780, on a 26,334 pour les jeux qui n'ont point d'*à-tout*.

Veut-on savoir ce qu'il y a à parier que le joueur A a un à-tout? on retranchera la somme de tous les jeux qui ont un à-tout, de 65,780; on aura le reste 26,334, c'est-à-dire qu'il y aura 39,446 à parier contre ce dernier nombre, ou à peu près 3 contre 2, que le joueur A a 1 à-tout.

Pour savoir ce qu'il y a à parier qu'il a 2 à-touts, faites la somme de tous les jeux du tableau qui ont 2 à-touts et plus, retranchez-la de 65,780; vous aurez le reste 55,594 à parier contre 10,186, ou à peu près 5 et demi contre 1, que le joueur A n'a pas 2 à-touts.

Pour voir ce qu'il y a à parier que le joueur A n'a pas 3 à-touts, prenez, dans le tableau ci-dessus, tous les jeux qui ont 3 à-touts et plus, et retranchez la somme 946 de 65,780, vous aurez le reste 64,834 à parier contre 946, ou un peu plus de 68 contre 1, que le joueur A n'a pas 3 à-touts.

Pour 4 à-touts, retranchez 22, nombre de jeux qui ont 4 à-touts, de 65,780, vous aurez le reste, 65,758 contre 22, ou 2,989 contre 1, à parier que A n'a pas 4 à-touts.

Comme il n'y a que 4 à-touts dans les cartes inconnues, il est impossible qu'il s'en trouve 5 dans le jeu de A.

V.

B ayant 4 à-touts dans la main ; combien y a-t-il à parier que son adversaire en a 1, 2, 3 ?

Sur les 8 à-touts, il n'y en a que 3 qui se trouvent dans les 26 cartes inconnues, lesquelles concourent à former un certain nombre de jeux de 5 cartes, qu'on trouvera en se conduisant comme ci-dessus, c'est-à-dire qu'on fera les combinaisons des 3 à-touts, prises 1 à 1, 2 à 2, 3 à 3.

On fera ensuite les combinaisons de 23 cartes, prises 4 à 4, 3 à 3, et 2 à 2, ce qui formera les deux séries.

COMBIN. de 3 cartes.	COMBINAISONS de 23 cartes.	JEUX DE
1 à 1 — 3	4 à 4 — 8,855 $\times$ 3 $=$ 26,565	1 à-touts.
2 à 2 — 3	3 à 3 — 1,771 $\times$ 3 $=$ 5,313	2
3 à 3 — 1	2 à 2 — 253 $\times$ 1 $=$ 253	3

Total des jeux ayant des à-touts. . . . . 32,131.

On trouvera, ce qu'il est permis de parier, que le joueur A n'a pas d'à-touts, en retranchant 32,131 de 65,780 ; le reste 33,649 est la quantité qu'il faut parier contre 32,131, un peu plus de 1 contre 1, que le joueur A n'a pas d'à-touts.

7*

On aura ce qu'on peut parier qu'il n'en a pas
2, en retranchant la somme des jeux qui ont 6
à-touts et plus, laquelle est de 5,566 ; de 65,780
on aura le reste 60,214 à parier contre 5,566,
ou un peu moins de 12 contre 1, que A n'a pas
2 à-touts.

On trouvera, ce qu'il y a à parier, qu'il n'en
a pas 3, en retranchant tous les jeux de 3 à-
touts, qui se montent à 253 ; de 65,780 on aura
le reste 65,527, qu'on pourra parier contre 253,
ou environ 259 contre 1, que les 3 à-touts ne
sont pas dans la main du joueur A.

Il est inutile de faire observer qu'il est impossible qu'il en eût 4, et encore moins 5.

VI.

B ayant 5 à-touts, que peut-on parier que
le joueur A en a 1, 2 ?

Puisqu'il n'y a que 2 à-touts dans les 26 cartes
inconnues, on aura bientôt calculé les jeux de
5 cartes qui en contiennent au moins 1 : pour
cela on combinera les 2 à-touts 1 à 1, 2 à 2...

Après quoi on fera toutes les combinaisons
des 24 autres cartes, prises 3 à 3, 4 à 4, on
disposera tous les résultats comme on les voit
dans le tableau ci-dessous, lequel contient les
produits des deux séries, et par conséquent les
nombres des jeux qui contiennent 1 et 2 à-
touts.

COMBIN. de 2 cartes.	COMBINAISONS de 24 cartes.	JEUX ayant
1 à 1 — 2	4 à 4 — 10,626 $\times$ 2 $=$ 21,252 — 1 à-tout.	
2 à 2 — 1	3 à 3 — 2,024 $\times$ 1 $=$ 2,024 — 2	

Total des jeux ayant des à-touts. 23,276.

On saura, ce qu'il y a à parier, que le joueur A n'a pas même un à-tout, en retranchant la somme des jeux qui en ont, dans le tableau ci-dessus, de 65,780, le reste 42,504 sera le nombre qu'on pourra parier contre 23,276 , pas tout-à-fait 2 contre 1 , que le joueur A n'a pas un seul à-tout.

Pour les 2 à-touts, on retranchera 2,024 de 65,780, et l'on aura le reste, 63,756 à parier contre 2,024, à peu près 32 contre 1, que le joueur A n'a pas 2 à-touts.

Puisque les 26 cartes inconnues n'en contiennent que 2 , il est impossible que le joueur A puisse en avoir davantage dans son jeu.

Tableaux contenant les résumés des six problèmes ci-dessus.

B n'ayant pas d'à-touts, les jeux contenant

1	à-tout sont de	24,480
2		22,848
3		8,568
4		1,260
5		56.

B ayant un à-tout , les jeux contenant

1	à tout sont de	27,132
2		20,349
3		5,985
4		665
5		21.

B ayant 3 à-touts, les nombres des jeux contenant

1	à-tout sont de	29,070
2		17,100
3		3,800
4		300
5		6.

B ayant 2 à-touts, le nombre des jeux contenant

1	à-tout sont de	29,925
2		13,300
3		2,100
4		105
5		1.

B ayant 3 à-touts , le nombre des jeux contenant

1	à-tout sont de	29,260
2		9,240
3		924
4		22.

B ayant 4 à-tout, le nombre des jeux contenant

    1   à-tout sont de   26,565
    2   5,313
    3   253.

B ayant 5 à-tout, le nombre des jeux contenant

    1   à-touts sont de   21,252
    2   2,024.

*Tableaux contenant les probabilités qu'il y a
que le jeu de A contient ou ne contient pas 1
à-tout, 2 à-touts, etc., etc., lorsque son adversaire n'en a point, ou qu'il en a 1, 2, 3,
4, 5.*

(*A*) B n'ayant pas d'à-touts, il y a à peu
près 5 contre 1 à parier que le joueur A a au
moins 1 à-tout.

Il y a environ $1\frac{1}{2}$ contre 1 à parier qu'il n'en
a pas 2.

Un peu moins de 10 contre 1 qu'il n'en a
pas 3.

    Environ 9 contre 1 qu'il n'a pas 4 à-touts.
        31   1   5.

(*B*). Le joueur B ayant 1 à-tout, il y a à parier contre A ,

un peu moins de 1 contre 3 qu'il n'en a pas 1 à-tout.

plus de	2	1	2
	15	1	3
environ	218	1	4
	10,963	1	5

(*C*) B ayant 2 à-touts, il y a à parier contre A,

1 contre 2 $\frac{1}{2}$ qu'il n'a pas 1 à-tout.

plus de	3	1	2
environ	31	1	3
	655	1	4
	65,779	1	5

(*D*) B ayant 3 à-touts, il y a à parier contre A,

2 contre 3 qu'il n'a pas 1 à-tout.

environ	5 $\frac{1}{2}$	1	2
plus de	68	1	3
	2,989	1	4

(*E*) Le joueur B ayant 4 à-touts; il y a à parier contre A,

plus de	1 contre 1 qu'il n'a pas 1 à-tout.		
plus	11	1	2
environ	259	1	3.

(*F*) B ayant 5 à-touts , il y a à parier contre A ,

presque	2 contre 1	qu'il n'a pas 1 à-tout.
environ	32 1	2

Il eût été indifférent de supposer dans le jeu de B des cartes autres que les à-touts ; les questions et les solutions auraient été les mêmes. Supposons que B eût un trèfle dans son jeu , et qu'on demandât ce qu'il y a à parier que son adversaire n'en a pas 1, 2, 3, 4, 5 dans le sien , il est évident que ce problème est le même que celui de la page 67 , où l'on suppose que B n'a pas d'à-touts. Dans l'un et l'autre cas , on ne connaît qu'une des 8 cartes dont il est question ; car , lorsque B n'a pas d'à-touts, il y en a un seulement de connu : c'est la carte de la retourne ; lorsque B a un trèfle , il y en a également 7 d'inconnus. Il y a donc, d'après le tableau A (page 81), 1 contre 5, $1\frac{1}{2}$ contre 1 , moins de 10 contre 1 , 9 contre 1, 31 contre 1 à parier que le joueur A n'a pas 1, 2, 3, 4, 5 trèfles dans son jeu.

Si le joueur B avait 2 trèfles dans la main , et qu'on demandât ce qu'il y a à parier contre A qu'il n'en a pas 1 , 2 , 3 , 4, 5, il est évident

que c'est la même question que celle du problème II (page 70), où l'on suppose que B a
1 à-tout ; dans l'un et l'autre cas, il y a 2 cartes de connues ; et le tableau B (page 81),
contient les réponses à toutes les questions qu'on
peut faire sur les probabilités qu'il y a, que le
joueur A a ou n'a pas 1, 2, 3, 4, 5 trèfles.

Leçon 6.

PROBLÈMES RELATIFS AUX JEUX DONT LES CARTES
SONT D'UNE ESPÈCE QUELCONQUE.

LES principes que nous avons posés, les méthodes dont nous avons donné des modèles
pour obtenir les solutions d'un grand nombre
de problèmes, nous ont mis en état d'essayer, de
raisonner et de calculer les sorts des deux joueurs
A et B, dont un d'entre eux aurait un jeu quelconque qui serait connu. Pour cela nous allons
nous proposer une série de question, dont les
solutions serviront comme de modèles pour résoudre toutes celles de même espèce qui pourraient être proposées.

I.

Le joueur A a reçu la dame d'à-tout, qui
est celle de cœur, plus un autre à-tout, qui
est le 9 de cœur, plus le 8 de carreau, le 7 de
pique et le roi de trèfle : combien y a-t-il à
parier qu'il gagnera ou qu'il perdra ?

8

Le joueur A ayant 2 à-touts, il n'en reste que 5 dans les 26 cartes qui lui sont inconnues. Supposons que parmi elles se trouvent le roi d'à-tout, et que la retourne soit le valet de cœur; on trouve sur le tableau B (page 81), que le joueur A, ayant 2 à-touts, il y a à parier plus de 3 contre 1 que B n'en a pas 2.

Le joueur A ayant le roi de trèfle, on trouve qu'il y a 4 contre 1 à parier qu'il n'a pas la dame.

Pour ce qui est du roi d'à-tout, il y a 4 contre 1 à parier que B ne l'a pas.

Passons actuellement aux deux basses cartes, qui sont le 8 de carreau et le 7 de pique, pour que le joueur B puisse enlever ces 2 cartes avec d'autres cartes de leur espèce, il faudrait qu'il eût le 8 de pique, ou le 9, ou le 10, ou l'as, ou le valet, ou la dame, ou le roi : voyons ce qu'il y a à parier qu'il ne les a pas. Mettant pique à la place d'à-tout, dans le tableau A (page 79), on trouve qu'il y a 1 contre 5 à parier que le joueur B n'a pas une quelconque des 6 cartes ci-dessus quand elle est déterminée; mais, comme il y en a 7 parmi les 26 qui sont inconnues, il y a nécessairement à parier à peu près 1 contre 5 que le joueur B n'a pas de pique.

Pour ce qui est du 8 de carreau, on peut admettre que le joueur B a le 7 de cette espèce de carte ; conséquemment A n'aurait à craindre que le 9, le 10, etc., etc., c'est-à-dire, 5 cartes. On trouve dans le tableau B (page 81) , qu'il y a plus de 3 à parier contre 1 que B n'a pas une de ces 5 cartes.

Réunissant tous ces rapports en un seul, nous trouverons qu'il y a environ 17 contre $16\frac{1}{2}$ à parier que le jeu de A est supérieur à celui de son adversaire B.

II.

Le jeu de A se compose ainsi qu'il suit : le roi de trèfle, le roi de pique, le valet de carreau, le 10 de cœur, et le 10 de trèfle ; la retourne est la dame de cœur. Combien y a-t-il à parier en faveur de A contre B ?

A n'ayant qu'un à-tout, on trouve dans le tableau B (page 81), qu'il y a 3 contre 1 à parier que B n'a pas d'à-tout, et 2 contre 1 qu'il n'en a pas 2.

Les à-touts qu'il pourrait avoir, et qui seraient supérieurs au 10 de cœur, sont au nombre de 4, et l'on voit, par le tableau D (page 82), qu'il y a 2 à parier contre 3 que B n'a pas une de ces 4 cartes.

A, ayant le roi de pique, n'a rien à craindre de toutes celles de cette espèce que B pourrait avoir ; il n'a non plus rien à craindre pour le roi de trèfle : quant au 10 de cette classe, il est 3 cartes qui peuvent lui être funestes. On trouve sur le tableau E (page 82), qu'il y a plus d'1 contre 1 à parier que B n'a pas une de ces 3 cartes ; plus de 11 contre 1 qu'il n'en a pas 2 ; environ 259 contre 1 qu'il ne les a pas toutes 3 ; mais on peut s'en tenir à la première supposition, parce qu'une seule de ces 3 cartes enlèverait le 10 de trèfle.

Passons au valet de carreau ; cette carte n'en peut redouter que 2 parmi celles de son espèce. Supposant que les cinq autres cartes se trouvent parmi celles qui sont connues, nous trouvons sur le tableau F (page 83), qu'il y a à parier presque 2 contre 1 que le joueur B ne les a pas.

Revenons au 8 de cœur. Parmi les à-touts, il en est 4 qui sont à redouter pour celui-ci ; mais comme l'un des 3, le valet, est la carte de la retourne, il s'ensuit qu'il n'y en a que 3 qui soient à craindre ; ce qui présente le cas du joueur B ayant 4 à-touts, on trouve dans le tableau E (page 82), qu'il y a plus de 1 contre 1 à parier que le joueur B n'a pas une de ces 3 cartes.

Réunissons tous les rapports que nous venons de trouver relativement à chacune des 5 cartes qui forment le jeu de A, nous trouverons qu'il y a plus de 9 à parier contre 7 que le joueur A l'emportera sur B.

III.

A compte dans son jeu le roi de cœur, le valet de pique, celui de trèfle, et deux à-touts, qui sont le 7 et le 8 de carreau : c'est le 9 de cette dernière espèce qui a retourné. On demande s'il y a de l'avantage à parier pour ou contre A ?

Commençons par le roi de cœur : cette carte étant supérieure à toutes celles de son espèce, il y a de l'avantage à l'avoir et rien à craindre. Voyons ce qui en est par rapport aux 2 valets de pique et de trèfle ; 2 cartes seulement parmi celles de leur espèce sont à redouter pour A, supposant que tous les autres trèfles sont connus, excepté ces 2 là : on trouve sur le tableau F (page 83), qu'il y a 2 contre 1 à parier que le joueur B n'a pas une des 2 cartes que son adversaire redoute.

Occupons-nous actuellement des 2 à-touts, qui sont le 7 et le 8 de carreau ; nous trouvons dans le tableau C (page 82), qu'il y a 1 contre $2\frac{1}{2}$ à parier que B n'a pas d'à-tout, et plus de 2 contre 1 qu'il n'en a pas 2, quels que soient les à-touts qu'il peut avoir ; ils sont nécessairement supérieurs aux 2 sur lesquels repose le sort de A.

Reprenant tous les rapports ci-dessus, et les ajoutant ensemble, nous trouverons qu'il y a plus de 5 à parier contre $4\frac{1}{2}$ que le jeu de A est plus avantageux que celui de B.

8*

I V.

Le joueur A trouve dans ses cartes la dame de pique, celle de trèfle, l'as de carreau, le valet et le 8 de cœur : la carte retournée est l'as de cœur, est-il avantageux de parier pour A contre B ?

Chacune des dames a une seule carte de son espèce à redouter, qui est le roi. Il y a 21 contre 5, ou 4 contre 1 à parier que le joueur B ne l'a pas.

L'as de carreau a 3 cartes de son espèce à redouter ; nous trouvons sur le tableau D (page 82), qu'il y a 2 contre 3 à parier que B n'a pas une de ces 3 cartes.

Le joueur A ayant 2 à-touts, il y a à parier, suivant le tableau C (page 82), plus de 3 contre 1 que son adversaire n'en a pas 2 ; et supposons qu'il les eût, il est important d'examiner jusqu'à quel point ils seraient redoutables.

Parmi les à-touts inconnus, il en est 2 seulement qui l'emportent en valeur sur ceux du joueur A ; ce sont le roi et la dame. Pour voir tout de suite ce qu'il y a à parier que ces 2 dernières cartes ne se trouvent point dans le jeu de B, consultons le tableau F (page 83), nous y trouvons que, si l'on admet que, sur 8 à-touts, il en est 6 qui ne sont pas à craindre, il y a 2 contre 1 à parier que les 2, qui pourraient faire pencher la balance en faveur de l'adver-

saire, ne se trouvent pas dans son jeu. Réunissant le résultat de toutes les observations qui
précèdent, nous trouverons qu'il y a 11 contre
6 à parier que le joueur A l'emportera sur B.

V.

Le jour A a le roi de cœur, la dame de pique, le valet de cœur, l'as de trèfle, et l'as de
carreau; la carte de la retourne est le 8 de pique. Est-il ou n'est-il pas avantageux de parier
pour lui?

La position du joueur A est assez favorable
sous le rapport de la valeur nominale des cartes
qui composent son jeu; mais, n'ayant point d'à-
touts, il a tout à craindre de la part de ces
derniers.

Envisageons d'abord son sort sous le rapport
des à-touts; comme il n'y en a qu'un qui soit
connu de lui, il se trouve dans le même cas
que B, dans le problème I (page 67); et l'on
trouve dans le tableau A (page 81), qu'il y a
1 contre 5 à parier que le joueur B n'a pas
d'à-touts.

Pour ce qui est du roi de cœur, comme il
n'est pas de carte de son espèce qui lui soit supérieure en valeur, on peut le considérer comme
absolument avantageux pour A. Il serait cepen-
dant très-difficile, ou plutôt très-long de calcu-

ler rigoureusement le degré auquel cet avantage peut influer sur le sort de ce joueur.

La dame de pique n'a à redouter, parmi les cartes de son espèce, que le roi. Or, il y a 4 contre 1 à parier que le joueur B ne l'a pas.

Passons au valet de cœur. Le joueur A a une carte à redouter de l'espèce de celle-ci, qui est la dame. Nous voyons (page 90), qu'il y a 4 contre 1 à parier que B n'a pas cette dame.

Les as de trèfle et de carreau ont chacun 3 cartes de leur espèce à redouter, nous trouvons dans le tableau D (page 82), qu'il y a 2 contre 3 à parier que B n'a pas une de ces 3 cartes.

Faisant la somme de tous ces sorts, nous trouvons qu'il y a un peu plus de 11 contre 10 à parier que B ne fera pas le point; mais il est bon de faire observer que le rapport de ces hasards peut être singulièrement modifié par les circonstances; comme, par exemple, si c'est à B à jouer le premier, s'il entre par une série de cartes auxquelles A n'ait à opposer que des cartes d'une espèce différente; voilà pourquoi il est impossible de calculer positivement le sort d'un des joueurs de l'écarté. La variété des hasards, les caprices, le savoir-faire des joueurs en font un jeu mixte; de sorte qu'une partie, une fraction seulement de certaines probabilités sont du ressort de l'analyse mathématique; tout le reste est insaisissable aux instrumens ordinaires du raisonnement, par cela même que l'intelligence et la volonté des joueurs sont incalculables. Les observations que nous venons de faire s'appliquent indistinctement à la presque totalité des cas ; les problèmes que nous venons de résoudre, comme les questions que nous allons nous proposer, lesquelles rouleront sur la même matière, en font foi.

VI.

Le joueur A trouve dans son jeu le roi, la dame et le valet de trèfle, et 2 à-touts, qui sont le 10 et le 8 de carreau ; est-il avantageux de parier pour lui, supposant qu'il a la faculté de jouer le premier ?

Nous voyons dans le tableau C (page 82), qu'il y a à parier 3 contre 1 que l'adversaire de A n'a pas 2 à-touts.

Parmi ceux qui sont à redouter, ce sont l'as, le valet, la dame et le roi ; nous supposons que le 9 est la carte de la retourne. Ne considérant que ces 4 cartes, nous voyons dans le tableau D (page 82), qu'il y a environ $5\frac{1}{2}$ contre 1 à parier que B n'en a pas 2, et 2 contre 3 qu'il n'en a pas 1.

Le roi, la dame et le valet de trèfle n'ont rien à redouter des cartes de leur espèce ; et si le joueur A débutait par le roi, et que son adversaire n'eût point d'à-tout, A serait sûr de faire la *vole*. Or il y a, tableau C (page 82), 1 contre $2\frac{1}{2}$ à parier que B n'a point d'à-touts.

Faisant la somme de tous ces sorts partiels, nous trouvons qu'il y a $10\frac{1}{2}$ à parier contre 5 que le joueur A fera le point, et 3 contre 2 qu'il ne fera pas la vole.

A, étant premier à jouer, trouve dans son jeu 3 à-touts, qui sont le 10, le 9 et le 8 de carreau ; il a en outre le 10 de trèfle et le 7 de pique. Y a-t-il quelque espérance de gagner en pariant pour lui ?

Considérons d'abord les 3 à-touts, et supposons que la carte de la retourne est la dame de carreau ; on est naturellement porté à examiner les choses relativement aux 3 à-touts inconnus, le roi, le valet et l'as, lesquels sont supérieurs à ceux du joueur A. Nous voyons dans le tableau E, regardant le 7 d'à-tout comme s'il était connu, attendu qu'il n'est point redoutable pour les trois qui sont dans le jeu de A ; nous voyons, disons-nous, dans le tableau E (page 82), qu'il y a 1 contre 1 à parier que B n'a point d'à-touts ; plus de 11 contre 1 qu'il n'en a pas 2, et 259 contre 1 qu'il n'en a pas 3.

Pour ce qui est des deux basses cartes, elles sont généralement désavantageuses pour A. Ce qui diminue un peu la probabilité qu'il a de faire le point, c'est peut-être, en résumant les sorts que nous venons de discuter, ne pas trop s'éloigner de la vérité, en disant qu'il y a environ 5 à parier contre 1 que le joueur A fera le point.

VII.

A étant premier à jouer, il a dans la main deux basses cartes, qui sont le 10 et le 8 de carreau , plus 2 à-touts, la dame et le valet de trèfle, enfin l'as de pique : dans quel rapport pourrait-on parier pour ou contre lui ?

La carte de la retourne étant le 10 de trèfle , il est évident que le joueur A doit redouter le roi d'à-tout pour les 2 qu'il a ; mais nous avons vu (page 90) qu'il y a 4 contre 1 à parier que B n'a pas le roi d'à-tout.

Nous voyons dans le tableau C (page 81), qu'il y a 1 contre $2\frac{1}{2}$ à parier que B n'a pas un seul à-tout, et 3 contre 1 qu'il n'en a pas 2.

Quant à l'as de pique , c'est une carte légèrement avantageuse, considérée relativement à celles de son espèce. Le 10 de carreau est au contraire un peu désavantageux par rapport aux autres carreaux.

Le 8 de carreau n'étant supérieur qu'à une seule des cartes de son espèce, il y a, suivant le tableau B (page 81), 2 contre 1 à parier que le joueur B n'a pas 2 carreaux ; et, suivant le tableau D (page 82), $5\frac{1}{2}$ contre 1 à parier qu'il n'a pas 2 carreaux supérieurs.

On peut résumer tous ces hasards , et ne pas trop s'écarter de la vérité, en disant qu'il y a environ 3 contre 1 à parier que le joueur A fera le point.

VIII.

Le jeu de A se compose de 4 valets et du 7 de pique : il est le premier à jouer. Combien y a-t-il à parier qu'il gagnera le point, la retourne étant un trèfle ?

A n'ayant qu'un seul à-tout, qui est le valet de trèfle, il craint, pour cette carte, la dame et le roi d'à-tout. Or nous savons qu'il y a 5 à parier contre 1 que B n'a pas l'un ou l'autre. En faisant abstraction des autres à-touts, il y a tableau F (page 83), 32 contre 1 , à parier qu'il n'a pas ce roi et cette dame ; les 3 autres valets sont dans le même cas relativement aux cartes de leur espèce. Le rapport que nous venons de trouver donne la mesure de l'influence qu'ils doivent exercer dans le sort de A ; mais ces 3 valets ont, en outre, à redouter 6 à-touts. Or il y a à parier tableau B (page 81), un peu plus de 3 contre 1 que B n'a pas un seul à-tout, et environ 15 contre 1 qu'il n'en a pas 3.

Pour ce qui est du 7 de pique, comme c'est la plus basse de toutes les cartes de son espèce, il y a, suivant le tableau A (page 81), 5 contre 1 à parier que B a 1 pique, lequel nécessairement est supérieur au 7 qui complète le jeu de A.

Faisant la somme de tous ces rapports, nous aurons pour résultat définitif environ 26 contre 9, en faveur de A, ou près de 3 contre 1.

IX.

Le joueur A a les 4 as dans la main et la dame de carreau : la carte de la retourne est un pique. On demande combien il y a à parier pour lui contre B.

L'as de pique a 3 cartes de son espèce à redouter ; nous supposons que c'est le 10 de pique qui a été retourné. Or, il y a plus de 2 contre 3 tableau B (page 81), à parier que B n'a pas une de ces 3 cartes.

L'as de carreau a 2 cartes de son espèce à redouter, qui sont le valet et le roi ; et nous voyons par le tableau F (page 83), qu'il y a presque 2 contre 1 à parier que B n'a pas une de ces 2 cartes.

Les deux as de cœur et de trèfle ont chacun 3 cartes de leur espèce à redouter. Nous trouvons dans le tableau E (page 82), qu'il y a plus de 1 contre 1 à parier que B n'a pas une de ces 3 cartes.

Enfin, les 3 sept ont encore à redouter 6 àtouts. Nous trouvons dans le tableau B (page 81). qu'il y a un peu moins de 1 contre 3 à parier que B n'en a point. Nous trouvons également, dans le même tableau, qu'il y a 15 contre 1 à parier qu'il n'en a pas 3.

Reprenons les résultats de toutes ces observations, nous trouverons, toute déduction faite, qu'il y a environ 3 contre 4 à parier pour A, c'est-à-dire qu'il y aurait de l'avantage à parier pour B.

X.

Le jeu de A ayant le roi de pique, le roi de cœur, les 10 de cœur et de pique, et le 9 de cœur, il est toujours premier à jouer; on demande s'il y a quelque avantage à parier pour lui, en supposant que c'est la dame de carreau qui a été retournée.

Les deux rois de pique et de cœur n'ont à redouter que les 7 à-touts; et nous trouvons, tableau A (page 81), qu'il y a moins d'un à parier contre 5 que B a 1 à-tout, et 2 contre 3 qu'il en a 2.

Le 9 et le 10 de cœur ont à redouter, l'un 4 cartes de son espèce, et l'autre 3, plus les 7 à-touts; ce qui fait 10 cartes environ. Or il y a 26 cartes inconnues, parmi lesquelles le joueur B a trouvé son jeu. 26 cartes se divisant en 5 groupes à peu près de 5 cartes chacun, il y a 2 contre 1 à parier que 2 des 10 cartes redoutables ne sont pas dans le jeu de B.

Le 10 de pique doit craindre 3 cartes de son

espèce, qui sont l'as, le valet et la dame, plus les 7 à-touts, ce qui fait en tout 10 cartes, dont une seule peut l'enlever. On trouve, par le calcul, qu'il y a 16 contre 10, ou 3 contre 2 à parier qu'une de ces cartes ne se trouve pas dans le jeu de B.

Réunissant en un seul tous les rapports des hasards que nous venons de discuter, nous trouvons qu'il y a environ 3 à parier contre 5 que le joueur A fera le point.

Nous pourrions multiplier à l'infini les exemples de l'espèce de ceux que nous venons de donner, sans apprendre pour cela rien de nouveau au lecteur. Il pourra lui-même prendre un jeu de cartes, et s'exercer à discuter les sorts que cinq cartes, prises au hasard dans ce jeu, lui promettent, en se figurant qu'il est obligé de repousser ou d'attaquer, par leur moyen, un adversaire dont le jeu lui serait inconnu. Il pourra de cette manière dresser un tableau, dans lequel il placera tous les résultats de ses calculs, en indiquant les cartes et les circonstances qui ont influé plus ou moins sur ces résultats.

Dans tous les problèmes dont nous avons discuté la solution ci-dessus, nous avons considéré les deux adversaires comme n'ayant ni écarté, ni joué; mais si on veut discuter leurs sorts dans toutes les positions où ils peuvent se trouver l'un par rapport à l'autre, jusqu'à ce que l'un d'eux ait gagné le point, on trouvera une foule incroyable d'événemens qui changeront à chaque instant les probabilités, que chacun des joueurs peut avoir de gagner, ce qui nécessiterait des calculs à l'infini.

Il serait assez facile de former ainsi une espèce de livret qu'on porterait toujours sur soi, et dans lequel les matières seraient classées suivant un certain nombre, dont on distinguerait les divisions par des signes particuliers; les lettres de l'alphabet, par exemple.

La personne qui aurait ce livret, se trouvant à jouer, pourrait refuser ou accepter, lorsque ce serait à elle à donner, suivant les probabilités que lui indiquerait le livret, relativement aux cartes de son jeu.

Un tel livret, s'il était formé avec soin, serait extrêmement avantageux à ceux qui ont l'habitude de parier pour l'une quelconque des deux personnes qui jouent devant eux. Comme il leur est permis quelquefois de voir le jeu de l'un ou l'autre des deux adversaires, il ne serait pas impossible de former un tableau contenant des indications suffisantes pour faire gagner à la longue le parieur qui le consulterait; mais il est probable que, si un tel moyen était connu, ou du moins mis en pratique, on ne permettrait plus de parier après que les deux jeux seraient découverts.

A la vérité, comme les deux adversaires rejettent généralement dans leurs écarts toutes les basses cartes, il arrive par là que le nombre des hasards se trouve singulièrement restreint, nous voulons faire entendre que les basses cartes sont généralement repoussées, attendu que le joueur qui écarte ne garde, de toutes les basses cartes, que les à-touts. Si on n'était pas convenu que la carte qu'on retourne communiquerait à toutes celles de son espèce une valeur extraordinaire, et qu'il fût toujours permis d'écarter, il est positif que les deux adversaires soutiendraient le combat au moyen des cartes supérieures seulement. Les choses enfin se passeraient comme si, au lieu de prendre trente-deux cartes, on n'en avait qu'une vingtaine, dont la très-grande partie serait des figures, ou des as. Au moyen de l'ingénieuse faculté que les deux adversaires ont de proposer et d'accepter l'écart, toutes les basses cartes ont l'espérance d'être ennoblies, s'il est permis de parler ainsi, une fois sur quatre *donnes*; par là, les deux joueurs conspirent pour rejeter environ une quinzaine de cartes, et ils jouent toujours avec des hasards, qu'ils modifient en choisissant dans seize à dix-sept cartes. Il résulte de toutes ces observations que tous les calculs qu'on peut faire sur l'écarté, s'appuient sur environ la moitié des cartes qui composent ce jeu. Néanmoins il peut se faire, et il arrive quelquefois, que l'un des deux joueurs soit dans une position assez malheureuse pour ne pas avoir la faculté de se débarrasser du mauvais instrument dont le hasard lui a fait présent; nous ne doutons point que le lecteur

9*

ne conçoive ce que nous voulons dire ; il n'ignore point que, si celui qui donne a distribué un jeu satisfaisant à son adversaire, et qu'en même temps il s'en soit donné un dans lequel il voit, sinon la certitude de perdre, du moins une faible probabilité de gagner, il est évident qu'il sera forcé de subir le sort funeste que le hasard, dans sa rigueur, lui a destiné, lors même qu'il aurait la faculté de proposer, la position de son adversaire étant aussi favorable, que dans cette circonstance il serait obligé de garder son jeu et de perdre, malgré tout le savoir-faire dont il pourrait être doué.

Leçon 7.

EXERCICES DU JEU DE L'ÉCARTÉ.

I.

JEU DE A.	JEU DE B.
Roi de cœur,	Dame de carreau,
Valet de carreau,	As de carreau,
Valet de trèfle,	As de cœur,
Dix de carreau,	Huit de pique,
Sept de trèfle.	Sept de pique.

Il tourne valet de pique.

A jette le valet de trèfle.	B le prend avec le 7 de pique.
Il oppose le 10 de carreau.	Il attaque avec la dame de carreau, et il prend la carte de A.

Suite du jeu de A.	*Suite du jeu de B.*
	Il attaque de nou-veau avec l'as de car-reau.
A le prend avec le valet.	
Puis il attaque avec le roi de cœur, et il gagne.	B oppose l'as de la même couleur.
Ensuite il attaque avec le 7 de trèfle.	B prend avec l'à-tout, qui est le 8 de pique.
A fait 2 levées.	B gagne le point.

Afin de ménager l'espace, nous prévenons le lecteur que dorénavant nous ferons usage des signes abréviatifs suivans :

R	signifiera	ROI,
D		DAME,
V		VALET,
A		AS,
10		DIX,
9		NEUF,
8		HUIT,
7		SEPT.

Signes des couleurs.

C	CARREAU ,
P	PIQUE ,
T	TRÈFLE ,
K	COEUR.

O indique le pli que fait un des joueurs, ou plutôt celui des deux qui prend.

X signifie *on a retourné le ou la.*

(1) désigne celui des joueurs qui a le droit de commencer, ou qui n'a pas donné.

(2) est celui qui vient de donner.

Pour désigner qu'un ROI, une DAME, un DIX... un SEPT sont ceux de PIQUE, par exemple, on fera usage d'un signe composé; en voici des exemples :

R C	désigne le	ROI de CARREAU ,
10 C		DIX ,
A C		AS ,
V K		VALET de COEUR ,
8 T		HUIT de TRÈFLE,
9 P		NEUF de PIQUE.
. . .		. . . . . .
. . .		. . . . . .

Tous ces signes, à l'exception des K , qui désignent les cœurs, sont les lettres initiales des noms des cartes et des couleurs, ou les chiffres qui représentent les nombres par lesquels on est convenu de désigner certaines cartes. Reprenons l'exemple ci-dessus, et faisons l'application des signes que nous venons de proposer, à la manière dont nous avons supposé qu'il avait été joué.

JEU DE **A.**		JEU DE **B.**	
r	k	d	c
v	c	a	c
v	t	a	k
10	c	8	p
7	t	7	P
x		**v p**	

OPÉRATION.

(1)			(2)		
v	t		7	p	o
10	c		d	c	o
v	c	o	a	c	
r	k	o	a	k	
7	t		8	p x	o

B ayant marqué trois o et son adversaire deux, c'est B qui fait le point.

Si B était premier à faire, il est très-vraisemblable qu'il ferait quatre plis.

Deuxième opération.

(2)				(1)			
r	k		o	a	k		
v	c			d	c		o
10	c			a	c		o o o
7	t			8	p	x	o o
v	t			7	p	x	o

II.

JEU DE A.		JEU DE B.	
r	t	d	k
v	c	a	k
a	c	v	p
9	c	9	p
9	t	10	t
x		8 c.	

Opération.

(1)				(2)			
r	t		o	10	t		
9	t			a	c		o
9	c			d	c		o o
a	c			v	p		o o
v	c			9	p		o

III.

JEU DE A.		JEU DE B.	
r	c	r	k
a	c	r	p
10	c	d	c
v	t	v	c
10	p	9	c

x	7 t.

Opération.

(1)			(2)		
r	c	o	9	c	
10	c		d	c	o
10	p		r	p	o
v	t x	o	r	k	
a	c		v	c	o

Deuxième opération.

(2)			(1)		
10	p		r	p	o
v	t x	o	r	k	
r	c	o	9	c	
a	c		v	c	o
10	c		d	c	o

IV.

JEU DE A.		JEU DE B.	
v	p	r	t
a	k	d	k
10	k	v	k
10	t	9	p
9	t	7	p

| x | 8 c. |

Opération.

(1)			(2)		
v	p	o	7	p	
a	k		v	k	o
10	k		d	k	o o
9	t		r	t	o o
10	t		9	p	o

V.

JEU DE A.		JEU DE B.	
d	t	d	c
v	t	d	p
v	c	v	p
10	p	v	k
9	c	a	t

| x | r c. |

Opération.

(1)				(2)		
d	t		o	a	t	
v	t			d	c x	o
10	p			d	p	o
9	c x		o	v	p	
v	c x		o	v	k	

Deuxième opération.

(2)				(1)		
10	p			d	p	o
9	c x		o	v	p	
d	t		o	a	t	
v	t			d	c x	o
v	c x		o	v	k	

VI.

JEU DE A.		JEU DE B.	
r	c	d	t
9	c	d	p
v	p	a	k
9	p	8	c
a	t	7	c
x		8 t.	

Opération.

(2)			(1)		
9	p		d	p	o
a	t x	o	a	k	
r	c	o o	7	c	
9	c	o	8	c	
v	p		d	t x	o

VII.

JEU DE **A.**		JEU DE **B.**	
d	k	r	k
v	k	a	k
8	k	10	k
7	k	r	p
7	c	10	c

x	9 k.

Opération.

(1)			(2)		
d	k x		r	k x	o
7	k x	o	r	p	
7	c		10	k	o
v	k x	o	r	p	
8	k x		a	k x	o

VIII.

JEU DE **A.**			JEU DE **B.**	
d	k		r	k
v	k		a	k
10	k		8	k
7	k		r	p
7	c		10	c

x	9 k.

Opération.

	(2)				(1)	
7	k	x	o	r	p	
7	c			10	c	o
10	k	x		r	k x	o
d	k	x	o	a	k x	
v	k	x	o	8	k x	

Deuxième opération.

	(1)				(2)	
7	c			10	c	o
7	k	x	o	r	p	
10	k	x		a	k x	o
v	k	x		r	k x	o
d	k	x	o	8	k x	

IX.

JEU DE **A.**		JEU DE **B.**	
r	p	r	c
d	k	a	p
a	c	10	t
8	c	8	t
7	c	7	t

x	8 k.

Opération.

(1)			(2)		
r	p	o	a	p	
a	c		r	c	o
d	k x	o	10	t	
8	c	o	7	t	
7	c	o	8	t	

Deuxième opération.

(1)			(2)		
r	p	o	a	p	
d	k x	o	7	t	
a	c		r	c	o
7	c		10	t	o
8	c		8	t	o

10*

Troisième opération.

(2)				(1)		
7	c			r	c	o
d	k	x	o	10	t	
r	p		o	a	p	
a	c		o	7	t	
8	c		o	8	t	

Quatrième opération.

(2)				(1)		
d	k	x	o	10	t	
10	c			r	c	o
7	c			8	t	o
8	c			7	t	o
r	p		o	a	p	

X.

JEU DE A.		JEU DE B.	
r	k	a	t
9	k	10	t
r	p	9	t
r	t	a	c
d	t	9	c
x		v t.	

Opération.

(1)				(2)			
r	k			9	t	x	o
d	t	x	o	a	c		
r	p			10	t	x	o
r	t	x	o	9	c		
9	k			a	t	x	o

Deuxième opération.

(2)				(1)			
r	t	x	o	9	t	x	
r	p			10	t	x	o
d	t	x	o	a	t	x	
r	k		o	9	c		
9	k		o	a	c		

X I.

JEU DE A.		JEU DE B.	
d	t	r	c
v	k	9	c
v	c	10	p
10	k	7	p
7	t	9	k

x	7 k.

Opération.

(2)				(1)			
v	c			r	c		o
10	k	x	o	10	p		
d	t			9	k	x	o
v	k	x	o	7	p		
7	t		o	9	c		

Deuxième opération.

(2)				(1)			
10	k	x	o	10	p		
v	c			r	c		o
v	k	x	o	9	c		
d	t			9	k	x	o
7	t			7	p		o

XII.

JEU DE A.		JEU DE B.	
r	k	r	p
d	k	d	p
10	k	8	p
9	t	a	t
7	c	a	c
x		7 t.	

Opération.

(2)				(1)			
9	t x		o	r	p		
r	k			a	t x		o
7	c			d	p		o
10	k			a	c		o
d	k			8	p		o

Deuxième opération.

(2)				(1)			
9	t x			a	t x		o
7	c			r	p		o
10	k			d	p		o
d	k			8	p		o
r	k			a	c		o

Troisième opération.

(1)				(2)			
r	k			a	t x		o
9	t x		o	r	p		
d	k		o	8	p		
10	k		o	a	c		
7	c		o	d	p		

XIII.

<table>
<tr><td colspan="2" align="center">JEU DE A.</td><td colspan="2" align="center">JEU DE B.</td></tr>
<tr><td>d</td><td>t</td><td>r</td><td>k</td></tr>
<tr><td>v</td><td>t</td><td>10</td><td>k</td></tr>
<tr><td>8</td><td>t</td><td>10</td><td>t</td></tr>
<tr><td>10</td><td>p</td><td>v</td><td>c</td></tr>
<tr><td>7</td><td>k</td><td>7</td><td>p</td></tr>
<tr><td colspan="2" align="center">x</td><td colspan="2" align="center">a p.</td></tr>
</table>

Opération.

<table>
<tr><td colspan="3" align="center">(1)</td><td colspan="3" align="center">(2)</td></tr>
<tr><td>d</td><td>t</td><td>o</td><td>10</td><td>t</td><td></td></tr>
<tr><td>v</td><td>t</td><td></td><td>7</td><td>p x</td><td>o</td></tr>
<tr><td>7</td><td>k</td><td></td><td>r</td><td>k</td><td>o</td></tr>
<tr><td>10</td><td>p x</td><td>o</td><td>v</td><td>c</td><td></td></tr>
<tr><td>8</td><td>t</td><td>o</td><td>10</td><td>k</td><td></td></tr>
</table>

Deuxième opération.

<table>
<tr><td colspan="3" align="center">(2)</td><td colspan="3" align="center">(1)</td></tr>
<tr><td>7</td><td>k</td><td></td><td>r</td><td>k</td><td>o</td></tr>
<tr><td>10</td><td>p x</td><td>o</td><td>10</td><td>k</td><td></td></tr>
<tr><td>d</td><td>t</td><td>o</td><td>10</td><td>t</td><td></td></tr>
<tr><td>v</td><td>t</td><td></td><td>7</td><td>p x</td><td>o</td></tr>
<tr><td>8</td><td>t</td><td></td><td>v</td><td>c</td><td>o</td></tr>
</table>

XIV.

JEU DE A.				JEU DE B.	
r	p			d	t
d	p			v	t
v	p			10	p
a	p			10	c
r	c			7	k

x	a c.

Opération.

(1)				(2)			
r	p		o	10	p		
d	p			10	c	x	o
r	c	x	o	d	t		
v	p		o	7	k		
a	p		o	v	t		

Deuxième opération.

(2)				(1)			
r	c	x	o	d	t		
r	p		o	10	p		
d	p			10	c	x	o
v	p			v	t		o
a	p			7	k		o

XV.

JEU DE **A.**		JEU DE B.	
d	c	d	t
8	c	a	t
d	p	10	p
8	p	9	p
8	t	a	k

x	a p.

Opération.

(1)				(2)			
d	p	x	o	9	p	x	
d	c			10	p	x	o
8	p	x	o	d	t		
8	c		o	a	t		
8	t		o	a	k		

Deuxième opération.

(1)				(2)			
d	p	x	o	9	p	x	
d	c			10	p	x	o
8	p	x	o	d	t		
8	t			a	t		o
8	c			a	k		o

Troisième opération.

(2)					(1)			
8	t				d	t		o
8	p	x		o	a	t		
d	p	x		o	9	p	x	
d	c				10	p	x	o
8	c				a	k		o

Quatrième opération.

(2)					(1)			
d	p	x		o	10	p	x	
d	c				9	p	x	o
8	p	x		o	d	t		
8	c			o	a	t		
8	t			o	a	k		

Cinquième opération.

(2)					(1)			
d	p	x		o	10	p	x	
d	c				9	p	x	o
8	p	x		o	a	k		
8	t				a	t		o
8	c				d	t		o

XVI.

JEU DE A.		JEU DE B.	
r	c	r	p
v	c	d	k
r	k	a	k
10	k	r	t
v	t	d	t
x		9 k.	

Opération.

(1)				(2)			
r	c			a	k	x	o
v	t			r	t		o
10	k	x	o	d	t		
v	c			d	k	x	o
r	k	x	o	r	p		

Deuxième opération.

(1)				(2)			
r	c			a	k	x	o
v	t			r	t		o
10	k	x	o	d	t		
r	k	x	o o	d	k	x	
v	c		o	r	p		

Troisième opération.

(2)				(1)			
v	t			r	t		o
10	k	x	o	d	t		
r	c			a	k	x	o
r	k	x	o	r	p		
v	c			d	k	x	o

Quatrième opération.

(2)				(1)			
10	k	x	o	r	t		
r	c			a	k	x	o
v	t			d	t		o
r	k	x	o	d	k	x	
v	c		o	r	p		

XVII.

JEU DE **A.**   JEU DE **B.**

d	c		r	c
a	t		v	k
9	t		v	p
8	p		9	p
7	p		8	k

x		d t.

Opération.

(1)				(2)		
d	c			r	c	o
7	p			v	p	o
9	t	x	o	v	k	
a	t	x	o	8	k	
8	p			9	p	o

Deuxième opération.

(1)				(2)		
a	t	x	o	9	p	
d	c			r	c	o
9	t	x	o	v	p	
8	p		o o	8	k	
7	p		o	v	k	

Troisième opération.

(2)				(1)		
d	c			r	c	o o
7	p			v	p	o o
8	p			9	p	o
9	t	x	o	v	k	
a	t	x	o	8	k	

XVIII.

JEU DE **A.**		JEU DE **B.**	
r	t	a	k
a	t	9	k
9	t	a	p
10	k	8	t
8	k	7	t
x		r	p.

Opération.

(1)				(2)			
r	t		o	7	t		
a	t		o	8	t		
9	t			a	p	x	o
8	k			a	k		o
10	k		o	9	k		

Deuxième opération.

(1)				(2)			
r	t		o	7	t		
a	t		o	8	t		
10	k			a	k		o
8	k			a	p	x	o
9	t			9	k		o

Troisième opération.

(2)				(1)			
9	t			a	p x		o
a	t		o	8	t		
r	t		o	7	t		
10	k			a	k		o
8	k			9	k		o

Quatrième opération.

(2)				(1)			
8	k			a	k		o
10	k		o	9	k		
r	t		o	7	t		
a	t		o	8	t		
9	t			a	p x		o

XIX.

JEU DE **A**.		JEU DE **B**.	
r	t	d	c
d	p	9	c
d	k	9	k
10	k	7	p
7	k	7	t
x		a c.	

Opération.

	(1)				(2)	
r	t	o		7	t	
d	k	o		9	k	
d	p	o		7	p	
10	k			9	c x	o
7	k			d	c x	o

Deuxième opération.

	(1)				(2)	
r	t	o		7	t	
d	k	o		9	k	
10	k			9	c x	o
d	p			d	c x	o
7	k			7	p	o

Troisième opération.

	(2)				(1)	
7	k			d	c x	o
10	k			9	c x	o
d	k	o		9	k	
r	t	o		7	t	
d	p	o		7	p	

Quatrième opération.

(2)				(1)			
d	p			d	c	x	o
7	k			9	c	x	o o
10	k			7	p		o
d	k	o		9	k		
r	t	o		7	t		

X X.

JEU DE A.			JEU DE B.	
d	c		r	k
8	c		a	k
v	k		r	c
v	t		a	c
7	p		8	t

x	10 p.

Opération.

(1)				(2)		
v	k			r	k	o
8	c			r	c	o o
d	c	o		a	c	
v	t	o		8	t	
7	p	x	o	a	k	

Deuxième opération.

(1)					(2)			
d	c				r	c		o
v	k				r	k		o
8	c				a	c		o
7	p	x		o	a	k		
v	t			o	7	t		

Troisième opération.

(2)					(1)			
v	k				r	k		o
7	p	x		o	a	k		
d	c				r	c		o
v	t			o	8	t		
8	c				a	c		o

Quatrième opération.

(2)					(1)			
8	c				r	c		o
d	c			o	a	c		
v	t			o	8	t		
v	k				r	k		o
7	p	x		o	a	k		

XXI.

JEU DE **A.**		JEU DE **B.**	
r	p	v	k
a	p	a	k
9	p	9	t
d	k	8	t
v	t	7	c

x	10 k.

Opération.

	(1)			(2)		
r	p		a	k	x	o
v	t	o	9	t		
d	k x	o	v	k	x	
a	p	o	7	c		
9	p	o	8	t		

Deuxième opération.

	(1)			(2)		
r	p		a	k	x	o
d	k x	o	7	c		
v	t	o	8	t		
a	p		v	k	x	o
9	p		9	t		o

Troisième opération.

(2)					(1)			
d	k	x		o	7	c		
r	p				a	k	x	o
v	t			o	9	t		
a	p				v	k	x	o
9	p				8	t		o

Quatrième opération.

(2)					(1)			
v	t			o	9	t		
r	p				a	k	x	o
d	k	x		o	v	k	x	
a	p			o	7	c		
9	p			o	8	t		

XXII.

JEU DE A.		JEU DE B.	
d	t	v	p
9	t	10	p
7	t	8	p
9	c	a	t
7	k	9	k

x	r t.

Opération.

(1)				(2)	
d	t x	o		a	t x
9	t x	o o		8	p
7	t x	o o		10	p
9	c	o o		9	k
7	k	o		v	p

Deuxième opération.

(2)				(1)		
7	k			9	k	o
7	t x	o		v	p	
d	t x	o o		a	t x	
9	t x	o o		8	p	
9	c	o		10	p	

XXIII.

JEU DE A.		JEU DE B.	
v	k	r	p
7	k	d	t
v	c	v	t
8	p	v	p
7	t	7	p
x		r c.	

Opération.

	(1)			(2)	
v	k	o	7	p	
7	t		v	t	o
8	p		r	p	o
v	c x	o	v	p	
7	k	o	d	t	

Deuxième opération.

	(1)			(2)	
v	k	o	7	p	
8	p		v	p	o
v	c x	o	r	p	
7	t		v	t	o
7	k		d	t	o

Troisième opération.

	(2)			(1)	
8	p		r	p	o
v	c x	o	v	p	
v	k	o	7	p	
7	t		v	t	o
7	k		d	t	o

Quatrième opération.

(2)				(1)		
8	p			r	p	o
v	c	x	o	v	p	
v	k		o	7	p	
7	k		o	v	t	
7	t			d	t	o

XXIV.

JEU DE **A.**		JEU DE **B.**	
r	k	r	c
v	k	v	c
7	k	10	t
a	p	8	p
7	t	7	p

x	d p.

Opération.

(1)				(2)			
r	k			7	p	x	o
a	p	x	o	r	c		
v	k			8	p	x	o
7	k			v	c		o
7	t			8	t		o

Deuxième opération.

(1)					(2)			
r	k				7	p	x	o
7	t				10	t		o
a	p	x	o		8	p	x	
v	k		o		v	c		
7	k		o		r	c		

Troisième opération.

(2)					(1)			
a	p	x	o		r	c		
r	k				7	p	x	o
7	t				v	c		o
7	k				10	t		o
v	k				10	p	x	o

XXV.

JEU DE **A.**   JEU DE **B.**

JEU DE A.			JEU DE B.	
r	t		d	t
a	t		8	t
10	p		7	t
10	c		a	p
7	k		9	k

x		d p.

Opération.

```
        (1)                        (2)
r    t          o          7    t          o
a    t t                   d    t k          o
7    k                     9    k
10   p  x       o          8    t
10   c                     a    p x          o
```

Deuxième opération.

```
        (1)                        (2)
10   c                     a    p  x         o
r    t          o          d    t t
a    t t        o          7    t k
7    k                     9    t            o
10   p  x       o          8    t
```

Troisième opération.

```
        (2)                        (1)
7    k                     9    k            o
r    t          o          d    t t
a    t t        o          7    t
10   c                     a    p  x         o
10   p  x       o          8    t
```

Quatrième opération.

(2)				(1)			
r	t		o	8	t		
10	c			a	p	x	o
a	t			d	t		o
7	k			9	k		o
10	p	x	o	7	t		

XXVI.

JEU DE **A.**		JEU DE **B.**	
r	t	r	k
d	t	d	c
d	k	a	c
8	p	10	p
7	p	8	t

x	
	7 k.

Opération.

(1)				(2)			
r	t		o	8	t		
d	t			r	k	x	o
7	p			10	p		o
d	k	x	o	d	c		
8	p		o	a	c		

12*

Deuxième opération.

	(1)				(2)		
r	t		o	8	t		
d	t			r	k	x	o
d	k	x	o	d	c		
8	p			10	p		o
7	p			a	c		o

Troisième opération.

	(2)				(1)		
d	k	x		r	k	x	o
7	p			d	c		o
8	p			a	c		o
d	t			10	p		o
r	t		o	8	t		

Quatrième opération.

	(2)				(1)		
d	k	x		r	k	x	o
d	t		o	8	t		
r	t		o	10	p		
8	p		o	a	c		
7	p		o	d	c		

XXVII.

JEU DE **A**.		JEU DE **B**.	
d	p	r	k
v	p	a	k
8	p	r	p
v	c	v	t
8	k	9	t

x	8 c.

Opération.

(1)				(2)		
d	p			r	p	o
8	k			r	k	o
v	c x	o		a	k	
v	p	o		9	t	
8	p	o		v.	t	

Deuxième opération.

(1)				(2)		
v	c x	o		9	t	
d	p			r	p	o
8	k			r	k	o
8	p			a	k	o
v	p			v	t	o

Troisième opération.

(2)				(1)		
8	p			r	p	o
8	k			r	k	o
v	c x		o	a	k	
d	p		o o	9	t	
v	p		o	v	t	

Quatrième opération.

(2)				(1)		
8	k			r	k	o
v	c x		o	a	k	
d	p			r	p	o
8	p			v	t	o o
v	p			9	t	o

XXVIII.

JEU DE **A.**   JEU DE **B.**

r	p	10	c
10	p	9	c
r	k	10	t
a	c	a	p
8	c	9	p

x	7 c.

Opération.

(1)				(2)			
r	p		o	9	p		
10	p			a	p		o
8	c	x	o	10	t		
r	k			9	c	x	o
a	c	x	o	10	c	x	

Deuxième opération.

(1)				(2)			
a	c	x	o	9	c	x	
r	p		o	9	p		
10	p			a	p		o
8	c	x		10	c	x	o
r	k			10	t		o

Troisième opération.

(2)				(1)			
8	c	x	o	10	t		
r	p		o	9	p		
10	p			a	p		o
a	c	x	o	10	c	x	
r	k			9	c	x	o

Quatrième opération.

	(2)				(1)		
a	c	x	o	10	c	x	
8	c	x		9	c	x	
r	p			10	t		o
10	p			a	p		o
r	k			9	p		o

XXIX.

JEU DE **A.**   JEU DE **B.**

a	t		r	k
9	t		a	k
10	p		d	t
8	c		8	t
7	k		8	p

x		7 t.

Opération.

	(1)				(2)		
a	t	x		d	t	x	o
7	k			r	k		o
9	t	x	o	8	t	x	
10	p		o	8	p		
8	c		o	a	k		

Deuxième opération.

	(1)				(2)		
10	p		o	8	p		
7	k			r	k		o
9	t x		o	a	k		
a	t x			d	t x		o
8	c			8	t x		o

Troisième opération.

	(2)				(1)		
7	k			r	k		o
9	t x		o	a	k		
10	p		o	8	p		
8	c			8	t x		o
a	t x			d	t x		o

Quatrième opération.

	(2)				(1)		
9	t x			d	t x		o
7	k			r	k		o
a	t x		o	8	t x		
10	p		o	8	p		
8	c		o	a	k		

XXX.

JEU DE **A.**		JEU DE **B.**	
r	c	r	p
a	p	9	p
10	k	d	t
8	t	v	k
7	t	9	k
x		10 t.	

Opération.

(1)				(2)			
r	c			d	t x		o
a	p			r	p		o
7	t x		o	9	p		
10	k			v	k		o
8	t x		o	9	k		

Deuxième opération.

(1)				(2)			
8	t x			d	t x		o
a	p			r	p		o
10	k		o	9	k		
r	c		o	9	p		
7	t x		o	v	k		

Troisième opération.

(2)				(1)			
a	p			r	p		o
7	t	x	o	9	p		o
r	c			d		x	
8	t	x	o	9	p		
10	k			v	k		o

Quatrième opération.

(2)				(1)			
a	p			r	p		o
7	t	x		d	t	x	o
10	k		o	9	k		
r	c		o o	9	p		
8	t	x	o	v	k		

XXXI.

JEU DE A.		JEU DE B.	
r	p	r	t
9	p	v	t
r	c	r	k
d	t	v²	c
a	t	7	p
x		a k.	

13

Opération.

(1)				(2)			
r	c		o	v	c		
r	p		o	7	p		
9	p			r	k	x	o
a	t			r	t		o
d	t		o	v	t		

Deuxième opération.

(1)				(2)			
r	p		o	7	p		
r	c		o	v	c		
d	t			r	t		o
9	p			r	k	x	o
a	t			v	t		o

Troisième opération.

(2)				(1)			
a	t			r	t		o
d	t		o	v	t		
r	c		o	v	c		
9	p			r	k	x	o
r	p		o	7	p		

Quatrième opération.

(2)				(1)			
a	t			r	k	x	o
d	t			r	t		o o
g	p			v	t		o
r	c		o	v	c		
r	p		o	7	p		

XXXII.

JEU DE A.		JEU DE B.	
r	k	r	p
d	k	d	c
a	k	a	t
7	c	10	p
7	t	10	c

x		10 t.

Opération.

(1)				(2)			
r	k			a	t	x	o
7	t	x	o	r	p		
d	k		o	10	p		
a	k		o	10	c		
7	c			d	c		o

Deuxième opération.

(2)				(1)			
7	t	x	o	r	p		
r	k			a	t	x	o
7	c			d	c		o
a	k			10	p		o
d	k			10	c		o

Les XXXII tableaux qui précèdent sont loin de contenir tous les jeux qu'il est possible de perdre ou de gagner, suivant qu'on joue premier ou second, ou que l'on jette telle et telle carte à la place de telle ou telle autre.

Il nous paraît inutile de faire des observations sur les jeux que nous avons donnés comme sujets d'exercice. La seule inspection des tableaux en dit tout autant qu'on en pourrait exposer dans de longs développemens. Ceux de nos lecteurs qui voudront devenir habiles dans la pratique du jeu de l'écarté n'auront qu'à prendre successivement plusieurs jeux, qu'ils pourront combiner et varier d'un grand nombre de manières.

A la vérité, les jeux qu'on peut former avec les 32 cartes sont très-variés, puisqu'ils sont au nombre de 201,376; comme il en faut deux pour jouer, on trouve, par les calculs dont nous avons donné les principes, page 1ere et suiv. que les 201,376 peuvent se combiner, 2 à 2, de 40,552,092,000 manières. Voilà tous les cas possibles dans lesquels un joueur peut se trouver relativement à son adversaire.

Les écarts restreignent considérablement ce nombre prodigieux de couples de jeux ; de sorte que ceux qu'on joue le plus généralement ne sont pas, à beaucoup près, aussi variés qu'on pourrait le croire au premier abord. Il n'est donc pas absurde d'avancer qu'il est possible, quand on a de la sagacité et de la mémoire, d'acquérir un degré positif de supériorité sur les joueurs ordinaires de l'écarté.

Leçon 8.

DES PARIS.

L'ÉCARTÉ ne pouvant se jouer qu'entre deux personnes, celles qui se trouvent présentes prennent souvent part au combat, en pariant pour l'un ou l'autre des deux adversaires ; il est donc de notre devoir d'indiquer ici les principes qui doivent guider les parieurs.

Nous allons d'abord supposer que les deux joueurs sont de même force, et que le parieur a la liberté de confier son sort à celui des deux qui lui paraît le plus habile. Les parieurs alors se trouvent dans le même cas que s'ils jouaient à *pair ou non ;* pour calculer ce qu'il y a à craindre ou à espérer avant que le coup qui doit mettre fin à leurs incertitudes soit consommé, nous rappelons les principes que nous avons donnés (page 2 et suiv.).

Représentons par A le joueur pour lequel un individu, que nous appellerons P, parie, et par B l'adversaire de ce joueur.

A peut gagner une fois, deux fois, trois

fois, etc., etc., de suite, tout comme le joueur B; de sorte que si on avait deux colonnes, dans l'une desquelles on inscrirait tous les coups que gagnerait le premier des deux joueurs, en désignant chacun de ses coups par la lettre *a*, on aurait, *a, aa, aaa, aaaa......* suivant le nombre de coups qu'il aurait gagnés de suite.

Mais il est possible que, sur six coups qu'on jouera, le second adversaire gagne les deux premiers; pour les désigner, nous écrirons *bb*. Le premier adversaire gagnant ensuite trois coups, nous écrirons *aaa* pour les indiquer; enfin, le sixième coup ayant été gagné par le second adversaire, nous écrirons encore *b*; de sorte que pour représenter les six coups sur une même ligne, dans l'ordre qu'ils ont été gagnés ou perdus; on écrira *bb aaa b*.

Cette supposition nous fait voir qu'il est possible de former, avec six coups, que deux chances égales peuvent produire, plusieurs figures différentes; en effet, si celui des joueurs sur la colonne duquel on est convenu de marquer *a*, toutes les fois qu'il gagnerait, avait triomphé six fois de suite, on aurait écrit *aaaaaa*, pour indiquer les six événemens dont le résultat aurait été en sa faveur. En voilà suffisamment pour faire concevoir le motif qui nous détermine à procéder à la recherche de la méthode au moyen de laquelle on peut calculer le nombre de figures que deux chances égales dont les événemens sont représentés par deux lettres A et B forment, en groupant ces événe-mens 1 à 1, 2 à 2, 3 à 3.

Commençons par le cas le plus simple, et pro-posons-nous de calculer le nombre de figures qu'on peut former avec deux chances A et B, en admettant que ces figures ne seront chacune composées que de deux lettres, n'importe de quelle espèce, il nous sera facile de composer les quatre tableaux suivans :

$$a\,a \qquad\qquad b\,b \qquad\qquad a\,b \qquad\qquad b\,a.$$

Il est aisé de se convaincre qu'il serait im-possible de former une figure avec les lettres A et B, en composant cette figure de deux lettres, qui fût différente de l'une quelconque des 4 ci-dessus, d'où il suit qu'on ne pent former, en permutant 2 lettres 2 à 2, que 4 figures dif-férentes.

Proposons-nous maintenant de composer, avec a et b, autant de figures différentes, chacune de trois lettres, qu'il nous sera possible, nous aurons :

$$a\,a\,a, \qquad a\,a\,b, \qquad a\,b\,a, \qquad a\,b\,b,$$
$$b\,b\,b, \qquad b\,b\,a, \qquad b\,a\,b, \qquad b\,a\,a.$$

Voilà tous les groupes de trois lettres qu'on peut former avec a et b; comme on voit, ils sont au nombre de huit, c'est-à-dire, le double des groupes de deux lettres que nous avons formés ci-dessus avec les mêmes élémens a et b.

En effet, en admettant dans chacun des groupes de deux lettres :

$$a\,a, \qquad a\,b, \qquad b\,b, \qquad b\,a.$$

D'abord la lettre a ; nous voyons que le résultat sera nécessairement :

$$aaa; \qquad aba, \qquad bba, \qquad baa.$$

Mettant b à la suite de chacun des quatre groupes de deux lettres ci-dessus , on a :

$$aab, \qquad abb, \qquad bbb, \qquad bab.$$

Réunissant ces nouvelles figures de trois lettres chacune, on trouverait qu'elles sont au nombre de huit.

Si on écrivait d'abord la lettre a à la suite de chacune de ces huit figures, on en formerait huit nouvelles composées toutes de quatre lettres.

Écrivant ensuite b à la suite de chacun des huit mêmes groupes de trois lettres , on en formerait huit nouveaux, tous terminés par b , ayant chacun quatre lettres , ce qui formerait , en tout, seize groupes de quatre lettres.

En écrivant successivement les lettres a et b à la suite de chacun de ces seize groupes, on en formerait trente-deux nouveaux composés de cinq lettres.

Nous voyons que ces deux lettres, *a* et *b*, permutées deux à deux, produisent quatre groupes; qu'étant permutées trois à trois, elles en produisent huit; que permutées quatre à quatre elles en produisent seize; qu'enfin, étant permutées cinq à cinq, elles donnent trente-deux groupes etc., etc., etc.

Il est facile de s'apercevoir que les nombres des groupes, augmentés successivement d'une lettre, forment une progression dont les termes sont les produits du nombre 2, multiplié par lui-même une fois, deux fois, trois fois, quatre fois; etc. On va nous comprendre : Les lettres *a* et *b*, étant prises une à une, ne peuvent former que deux groupes qui sont *a* et *b*; étant prises deux à deux, elles en forment quatre; trois à trois, elles en forment huit; quatre à quatre, elles en forment seize; cinq à cinq, elles en produisent trente-deux; six à six, soixante-quatre, etc. Or, le nombre 2; multiplié par 1, produit 2; multiplié par 2, produit 4; multiplié ensuite par 2, produit 8 ; ce dernier, multiplié par 2, produit 16, etc., etc.

Il nous est maintenant aisé de calculer, au moyen de cette méthode, le nombre de figures différentes qu'on peut former avec deux chances, en les prenant une à une, deux à deux, trois à trois, etc.

QUESTIONS.

Combien de figures différentes formerait-on avec les lettres *a* et *b*, en les prenant 8 à 8? Pour satisfaire à cette demande, multipliez 8 fois le nombre 2 par lui-même, ou effectuez le produit de :

$$2 \times 2 \times 2 \times 2 \times 2 \times 2 \times 2 \times 2 = 256.$$

Le nombre 256, que vous trouverez pour dernier résultat, indiquera celui de toutes les figures que l'on peut former avec les lettres *a* et *b*, en les prenant 8 à 8.

Les observations que nous venons de faire, et les résultats auxquels nous sommes parvenus, nous seront d'un très-grand secours dans la solution des problêmes que voici :

I.

Supposant deux joueurs d'égale force : combien il y a-t-il à parier que l'un quelconque des deux ne gagnera pas trois fois de suite?

Faites le produit de $2 \times 2 \times 2$; le nombre 8, que vous obtiendrez, indique la quantité de figures différentes qu'on peut former avec deux choses, en les prenant 3 à 3. Il y a donc 7 à parier contre 1 que le joueur désigné ne passera pas trois fois de suite.

II.

Combien il y a-t-il à parier que, dans dix parties, les deux joueurs gagneront alternativement chacun cinq coups?

Je fais le produit de $2 \times 2 \times 2 \times 2 \times 2 \times 2 \times 2 \times 2 \times 2 \times 2$, et j'ai 1,024. Il y a donc 1 à parier contre 1,023 que l'un ou l'autre des deux joueurs ne gagnera pas au moins deux coups de suite.

III.

Combien peut-on parier que le jeu de A, par exemple, ne sera pas composé de trois rouges et deux noires, en supposant que les cartes sont placées les unes à la suite des autres, suivant leur valeur nominale?

Cinq cartes forment un groupe de 5 composé de rouges et de noires, il est évident que ces groupes sont au nombre de 32; il y a donc 31 à parier contre 1 que le jeu de A ne sera pas composé de *trois rouges et deux noires*, en les classant suivant l'ordre de leur valeur nominale.

*Méthode infaillible pour gagner à l'Écarté, en
pariant tantôt pour l'un, tantôt pour l'autre
des deux joueurs, supposant qu'on ait la
facilité de diminuer et d'augmenter, jusqu'à
un certain point, la somme qu'on expose.*

Il est reconnu d'après l'expérience, et démontré par le calcul, que tout jeu de hasard qui
se compose de deux chances égales présente ,
dans un nombre un peu considérable d'épreuves, deux séries de résultats qui se balancent
avec une exactitude véritablement extraordinaire pour ceux qui, faute de réflexion, s'imaginent que ce qu'on appelle le *hasard* est une
cause indépendante de toute espèce de règle.

L'observation de la tendance que manifestent deux chances égales à se mettre en équilibre , a fait découvrir la méthode au moyen de
laquelle on peut gagner à coup sûr, en pariant
pour ou contre une des deux chances qui dépendent de hasards égaux entre eux. Voici en
peu de mots en quoi consiste cette marche, qui,
parmi les joueurs de profession, est connue sous
le nom de *montante* et *descendante.*

Figurons-nous deux individus de même force
jouant à l'écarté : désignons le premier par **A** ,
et le second par **B** ; que P soit un troisième individu pariant indistinctement par spéculation,
tantôt pour **A**, tantôt pour **B** ; désignons par **O**

la somme qu'il expose d'abord, comme un *franc*, par exemple.

P pariant pour A, perd la première fois; la seconde il joue OO; ayant perdu encore, il joue OOO; s'il perd il joue OOOO, etc. La première fois qu'il gagne, supposant qu'il ait perdu sept O, il ne joue plus que six O; s'il gagne il joue quatre O; gagne-t-il encore, il joue trois O, ainsi de suite; en un mot, toutes les fois qu'il perd il augmente, le coup d'ensuite, la somme qu'il expose d'une unité ou plutôt d'une *masse*; et toutes les fois qu'il gagne, il diminue sa mise de la même quantité : de cette manière, pourvu que la chance à laquelle il confie son espérance fasse équilibre, à quelque différence près, à celle qui lui est opposée, il gagne autant de fois un O qu'il y a d'unités dans la moitié des coups qu'il a joués; c'est-à-dire que s'il a joué 100 fois, il a gagné cinquante O, pourvu que le champion pour lequel il a parié ait gagné en somme autant de fois que son adversaire.

Celui de nos lecteurs qui voudrait spéculer sur la bourse des personnes qui lui font l'honneur de l'admettre dans leur société, au moyen de la méthode ci-dessus, aurait à craindre que quelqu'un de ses amis ne s'aperçût de l'intention peu bienveillante qu'il aurait formée de parcourir les réunions où l'on joue, moins pour s'amuser, que pour y faire des bénéfices aux dépens de ceux qui composent la société.

Pour éviter ce désagrément, nous lui conseil-

lons de se ménager les bonnes grâces de plusieurs maîtres ou maîtresses de maisons chez
qui l'on joue l'écarté, n'importe pour quel motif, pourvu qu'on y permette de parier. Désignons ces diverses maisons par les lettres, C, D,
E, F, G, J. Notre spéculateur pariera un franc,
par exemple, chez C; s'il perd, il augmentera
cette somme jusqu'à cinq francs plus ou moins;
le lendemain il ira chez D, où il pariera cinq
francs, et il augmentera s'il perd, en ajoutant
un franc à chaque fois, jusqu'à dix francs, par
exemple, et s'il est malheureux, il débutera par
cette somme chez E, en l'augmentant et la dimi-
nuant d'un franc à chaque coup qu'il perdra ou
qu'il gagnera; s'il sait bien conduire et cacher sa
marche, ses bénéfices sont assurés; il ne sera
pas huit jours sans s'en apercevoir.

La méthode dont nous venons d'exposer le
principe n'est bonne, bien entendu, qu'autant
que toutes les sommes qu'on expose sont dou-
blées intégralement; car, dans les jeux comme
la roulette, etc., le banquier se donne le droit
de percevoir un tribut sur les mises des parieurs :
elle perd tous ses avantages.

RÈGLES ET LOIS

DU JEU DE L'ÉCARTÉ.

L'ÉCARTÉ se joue entre deux personnes; elles sont munies d'un jeu composé de trente - deux cartes.

Pour gagner la partie il faut faire cinq points; néanmoins on peut convenir d'en faire plus ou moins pour remporter l'avantage.

C'est un usage reçu qu'on ne tient point d'argent sur parole, et qu'il faut que la somme qu'on joue ou qu'on parie soit exposée sur table.

Les points se marquent ordinairement au moyen de quatre jetons qu'on passe du côté de l'argent à mesure que l'on fait des points.

Pour gagner un point il faut faire au moins trois levées.

Celui qui fait les cinq levées gagne deux points : ce qui s'appelle faire la VOLE.

Lorsque celui qui fait la vole a en outre le roi de l'espèce de cartes dont celle qui a été retournée fait partie , il fait trois points, deux pour la vole et un pour le roi.

Quelquefois on convient que le sort ne sera pas décidé en cinq points ou en une seule partie, mais bien en gagnant deux parties sur trois : c'est ce qu'on appelle *jouer en parties liées.*

La délicatesse veut que celui qui gagne permette à son adversaire de recommencer la partie aux mêmes conditions, ou de *prendre sa revanche.*

La valeur nominale des cartes est dans l'ordre suivant : *roi, dame, valet, as, dix, neuf, huit, sept.*

Il est d'usage d'avoir deux jeux, dont un est composé de cartes *tarotées* ou de couleur.

Avant de commencer la partie on tire d'abord une carte chacun, pour savoir qui aura l'avantage de donner.

Donner c'est faire la distribution des cartes.

Un des avantages de celui qui donne c'est de retourner un roi ; par ce seul fait il a le droit de marquer un point.

Un autre avantage de celui qui a fait la distribution, c'est que si son adversaire lui *propose* d'écarter son jeu en tout ou en partie, il y a tout lieu de croire que ce jeu est mal composé : et si celui qui donne est content du sien, il a le droit de refuser d'écarter. A la vérité cet avantage est balancé par le danger que celui qui refuse d'écarter risque de perdre un point s'il n'écoute pas favorablement la proposition de son adversaire.

Il est libre à celui qui a la main, ce qui est

la même chose que la faculté de donner, de prendre, avant de commencer la partie, celui des deux jeux qui lui convient le mieux, et de le garder pendant tout le temps que cette partie dure; on est libre, la partie faite, de changer de jeux, même avant qu'elle ne finisse; on peut prendre des cartes neuves.

Si, lorsqu'on tire à qui aura la main, un des joueurs découvre plusieurs cartes, c'est la plus basse qui décide de son sort.

Si celui qui soulève un certain nombre de cartes, lorsqu'on tire à qui aura la main, ne fait pas voir la carte qu'il aurait dû retourner, il est censé avoir tiré la plus basse de toutes les cartes.

La main est censée bien tirée, même avec un jeu faux.

Lorsqu'on s'aperçoit qu'un jeu de cartes est incomplet ou faux, tous les coups qui sont déjà consommés sont réputés bons.

Celui qui coupe ne peut détacher du jeu moins de deux cartes.

Celui qui distribue les cartes en donne cinq à chacun des joueurs, en commençant d'abord par son adversaire, et dans l'ordre suivant : 3 à son adversaire, puis 3 à lui-même; ensuite 2 à son adversaire, et enfin 2 à lui-même. Il est aussi reçu de distribuer suivant l'ordre 2, 2, et puis 3, 3; tant que la partie dure, on est tenu de donner suivant l'ordre qu'on a adopté d'abord, mais on peut en changer une fois qu'elle

est finie, pourvu qu'on ait l'attention d'en pré-
venir son adversaire avant de couper.

Si l'adversaire, avant d'avoir vu son jeu,
s'aperçoit que celui qui vient de distribuer les
cartes a changé l'ordre suivant lequel il avait
donné jusqu'alors, il a le droit de faire donner
de nouveau ; il n'a plus cette faculté une fois qu'il
a pris connaissance du jeu qu'il vient de recevoir.

Celui qui donne, ayant distribué dix cartes,
retourne la onzième : c'est cette carte qui indique de quelle espèce sont les a-touts.

Un à-tout est toute carte qui appartient à la
classe dont celle qui a été retournée fait partie,
comme un *trèfle*, un *carreau*...

Chacun des à-touts est plus puissant que telle
autre carte d'une autre classe que ce soit. Il
n'est pas nécessaire de faire observer qu'il y a
huit à-touts.

On appelle *talon* ce qui reste de cartes inconnues aux deux joueurs, lorsqu'on a fait la
distribution.

Ordinairement celui qui donne place le talon
à sa droite et ses écarts à sa gauche.

Celui qui donne doit toujours mêler les cartes ; son adversaire peut les mêler aussi avant
de couper, et celui qui donne les remêler de
nouveau, changer de cartes ou présenter à couper sans remêler de nouveau.

L'adversaire de celui qui donne ne peut mêler les cartes qu'une fois à chaque coup.

L'adversaire de celui qui donne joue le premier.

Nous avons dit tout à l'heure que le roi comptait pour un point à celui qui le retourne ; il compte également pour un point à celui des deux adversaires qui l'a dans son jeu.

Quand on a le roi dans son jeu, il faut, si l'on est premier à jouer, annoncer qu'on l'a, en disant : *le roi ;* après quoi on marque le point. Si l'on est second à jouer, et qu'on ait le roi, il faut l'annoncer avant de jeter sa première carte. Dans le cas où l'un ou l'autre joueur jetterait sa première carte sans annoncer qu'il a le roi, quand en effet il l'a, il perd le droit de marquer le point qu'il devait à la faveur d'avoir le roi ; celui qui est premier à jouer peut annoncer le roi lorsqu'il débute par cette carte, même lorsqu'elle est sur la table, pourvu que ce soit avant que l'adversaire l'ait couverte.

Lorsqu'un des deux joueurs donne sans que ce soit son tour, on recommence le coup si la retourne n'est point connue ; si elle est connue, on met le jeu de côté afin de s'en servir pour le coup suivant ; si l'on ne s'aperçoit de l'erreur qu'après avoir joué, le coup est bon.

Un joueur n'est tenu qu'à reprendre sa carte lorsqu'il joue avant son tour, pourvu que l'adversaire ne l'ait point couverte : dans le cas contraire le coup est bon.

Quand celui qui ne fait pas la distribution n'est pas content de son jeu, il propose à son adversaire de le changer en tout ou en partie, en disant, *j'écarte* ou *je propose*; l'adversaire est le maître de le satisfaire ou de lui refuser ce qu'il demande; dans le premier cas, il lui donne tout de suite autant de cartes qu'il en demande, après quoi il en prend lui-même autant qu'il en a écarté.

Si le premier à jouer ne propose point d'écarter, il perd deux points s'il ne fait pas trois levées; son adversaire en perd également deux s'il refuse d'écarter, et que le second à jouer fasse trois levées.

Celui qui a demandé d'écarter ne peut plus se rétracter, ni celui qui a d'abord accepté. On est obligé de prendre autant de cartes qu'on en a demandé.

Les deux adversaires sont libres d'écarter jusqu'à l'épuisement entier du talon; mais après le premier écart, celui qui refuse ne perd plus deux points, quoique son adversaire fasse trois levées.

Lorsque celui qui distribue les cartes a l'inadvertance d'accepter d'écarter, lors même qu'il ne reste pas assez de cartes dans le talon pour remplacer celles que les deux joueurs viennent d'écarter en dernier lieu, il est obligé, s'il n'en reste pas assez pour compléter son jeu, d'en prendre au hasard dans ses écarts autant qu'il lui en faut, mais sans les regarder avant de les prendre.

Une fois qu'un joueur a jeté un certain nombre de cartes, il ne peut plus y toucher ni les reprendre ; si cela lui arrivait, il serait tenu de jouer à jeu découvert.

On est obligé de jouer de la couleur annoncée, sous peine de reprendre sa carte si l'adversaire l'exige ; si l'on n'a pas de la couleur annoncée, on doit jouer de la couleur que l'adversaire indique.

L'adversaire a le droit d'empêcher que la carte jouée, quoique de la couleur annoncée, soit retirée s'il la trouve bonne.

Celui qui déclarerait avoir le roi, quoique ne l'ayant pas, non-seulement ne pourrait pas marquer un point, mais encore ce serait l'adversaire qui le marquerait, à moins qu'il ne prouvât qu'il a faussement annoncé le roi avant de commencer le coup.

On ne peut regarder les levées de son adversaire, sous peine de jouer à jeu découvert.

Celui qui jette ses cartes sur la table perd un point s'il a déjà fait une levée, et s'il n'en a pas fait il en perd deux.

On est censé avoir jeté ses cartes si on les abaisse seulement de manière que l'adversaire puisse les voir.

Le joueur qui quitte la partie la perd.

Si, lors de la distribution, il se trouve une carte retournée, le coup est nul, à moins que ce ne soit la onzième.

Si l'on ne s'aperçoit de la carte retournée qu'après avoir écarté, et qu'elle aille dans la main de l'adversaire de celui qui fait la distribution, le premier à jouer peut garder la carte, ou la rejeter et prendre la main. Mais si, après écart, la carte retournée va dans la main de celui qui donne, ou si l'on ne s'aperçoit de la carte retournée que lorsqu'on a cessé d'écarter, elle n'influe en rien sur la bonté du coup.

Il est défendu de *renoncer* et de *sous-forcer*.

Renoncer, c'est ne pas fournir de la couleur demandée.

Sous-forcer, c'est fournir de la couleur demandée, mais jeter une carte inférieure à celle de son adversaire, quoiqu'on en ait une plus forte dans son jeu.

Le joueur qui renonce ou sous-force est tenu de reprendre sa carte, et le coup se rejoue; mais le coupable ne gagne rien, quoiqu'il fasse le point, et s'il fait la vole, il ne marque qu'un point au lieu de deux.

Il est permis de parier pour l'un ou l'autre des deux joueurs; on peut aussi voir le jeu de celui pour lequel on parie, et lui donner des conseils.

Un joueur ne tient aucun compte de ce que disent ou font ceux qui parient pour son adversaire : celui-ci, par exemple, n'aurait pas le droit de marquer le roi, quoiqu'un de ses conseillers eût dit *le roi*, si lui-même ne l'avait pas annoncé à propos.

La galerie n'a le droit de parier qu'une somme égale à l'excédant de ce que tient l'adversaire du joueur pour lequel elle parie.

Il est défendu de regarder le jeu de l'adversaire contre lequel on parie.

Les parieurs doivent indiquer seulement la carte qu'ils désirent qu'on joue ou qu'on garde, mais jamais la nommer.

On parie à la partie, au point, aux deux, aux trois, aux quatre premiers points, au roi, à la couleur de la retourne, à la belle d'à-tout.

La galerie a le droit d'avertir de toutes les erreurs qui pourraient être considérées comme des fraudes.

Un parieur a le droit de prendre et de continuer la partie du joueur qui la quitte, si c'est pour lui qu'il parie.

Le joueur qui gagne s'empare de l'argent, et il prend d'abord pour lui ce qui lui revient; il distribue le reste aux parieurs, suivant ce qui revient à chacun, mais il n'est point responsable du déficit, s'il y en a un; les parieurs sont obligés de le supporter.

Quand celui qui donne retourne plus d'une carte, son adversaire a le droit d'indiquer la carte qui devait être retournée; il peut mettre à l'écart les cartes qui ont été vues. Il a en outre le droit de prendre la main, pourvu qu'il n'ait pas encore vu le jeu qu'on lui a distribué.

Si celui qui donne retourne une ou plusieurs cartes de celles qu'il distribue à son adversaire, ce dernier est libre de tenir la distribution pour bonne, ou de prendre la main si cela lui fait plaisir.

Le coup est toujours tenu pour bon , quoiqu'un des joueurs ait laissé voir ses propres cartes.

Après écart, si celui qui donne retourne une carte, il ne peut refuser un nouvel écart à son adversaire et lui donner la carte vue.

Lorsque celui qui reçoit trouve plus de cinq cartes dans son jeu, il a le droit d'écarter à son choix celles qu'il a de trop, en les faisant voir ; il a aussi le droit de prendre la main.

Le premier à jouer a aussi le droit de prendre la main s'il a reçu moins de cinq cartes, ou d'en prendre dans les premières du talon autant qu'il lui en faut.

Lorsque celui qui distribue s'est donné trop de cartes, son adversaire a le droit de lui retirer au hasard celles qu'il a de trop ; ce dernier a encore le droit de prendre la main.

Si le second à jouer s'est donné moins de cinq cartes, son adversaire peut lui permettre de compléter son jeu dans les premières du talon , ou prendre lui-même la main.

Le joueur qui , ayant trop ou pas assez de cartes, n'en prévient l'adversaire qu'après avoir écarté , perdrait deux points, et le droit de marquer le roi quoiqu'il l'eût retourné.

Si celui qui fait la distribution donne plus ou moins de cartes qu'on ne lui en demande après qu'on a écarté, il perd le point et le droit de marquer le roi s'il l'a dans son jeu , mais il a le droit de le marquer s'il l'a retourné.

Si celui qui fait se donne plus de cartes qu'il n'en a écarté, il perd le point et le droit de marquer le roi s'il l'a dans son jeu.

S'il se donne moins de cartes qu'il n'en a écarté, il complète son jeu en prenant dans les premières du talon, sans éprouver de punition ; s'il ne s'aperçoit de son erreur qu'après avoir joué, son adversaire fait autant de levées qu'il a pris de cartes de moins ; si la faute ne vient pas de celui qui donne, comme dans le cas où son adversaire aurait demandé lui-même plus ou moins de cartes qu'il n'en aurait écarté, alors le premier à jouer perdrait un point et même le droit de marquer le roi, s'il avait demandé plus de cartes qu'il ne lui en fallait pour compléter son jeu, mais il le marquerait s'il en avait demandé moins.

Celui qui, après écart, joue avec plus de cinq cartes, perd un point et le droit de marquer le roi.

Tous les cas dont il n'est pas fait mention dans les règles de l'écarté doivent être décidés contre le joueur qui a fait la faute.

FIN.

TABLE

DES MATIÈRES.

FIN DE LA TABLE.